AF506842

مبادئ السيطرة في الفكر المعاصر

Msytr and Ahmed Ragab Ali Abdelghany

Published by Msytr, 2024.

While every precaution has been taken in the preparation of this book, the publisher assumes no responsibility for errors or omissions, or for damages resulting from the use of the information contained herein.

مبادئ السيطرة في الفكر المعاصر

First edition. June 5, 2024.

Copyright © 2024 Msytr and Ahmed Ragab Ali Abdelghany.

ISBN: 979-8227635303

Written by Msytr and Ahmed Ragab Ali Abdelghany.

قائمة المحتويات

مبادئ السيطرة في
الفكر المعاصر

(نظرة متعمقة في فهم السلوك وتوجيه الفعل)

كتاب يقدم خلاصة دراسات تمت علي الفعل والسلوك البشري خلال سبع سنوات ويستنتج مع قارئه كيف تدير عقولا .....؟

بقلم

احمد رجب علي عبد الغني (مسيطر)[1]

For English copy, It will be available here! soon[2]

---

1. https://www.msytr.com/about

2. https://www.msytr.com/abc-of-abc

فصول الكتاب

الفصل الثاني : مراحل تطور العقل والفكر البشري

الفصل الثالث : فهم وتحليل سلوك الاشخاص

الفصل الرابع : ترويض العقل لتمكين السيطرة

الفصل الخامس : القاذفات الفكرية

الفصل التاسع :عقل البالغين (من الرجال)
غير متوفر في النسخة الحالية

الفصل العاشر : نظرة في جموع الاختلاف

الفصل التعريفي : علم السيطرة في الفعل والسلوك

1.مقدمة للفصل

السلام عليكم ورحمة الله وبركاته

لا لا.... الافضل اقول سيداتي انساتي سادتي .....

بردو مش هينفع لان كده هيبان ان انا ضد ال (م)

طب اقولكم .... مرحبا يا اصدقاء...

بصراحة كده وبعيدا عن اي خيال علمي او حتي خرافي في فهم العقول البشرية حاجة معقدة ....

انا مش جاي اعملك البحر طحينة ولا اقولك انك هتبقي ساحر بعد ما تقرا الكتاب... انا في الكتاب ده بوجهلك معلومات ونتايج دراسات اتعملت خلال سبع سنين علي عقول مصرية من محافظات ونواحي مصر كلها اتعملت علي طريقة تفكيرهم,

وتفضيلات الناس في الربع الاول من القرن الواحد و العشرين و هدف الكتاب انه يضعك علي اول طريق السيطرة علي فعل وسلوك البشر وكمان تحمي نفسك انك تقع في الافخاخ ال غيرك عملها ....

الكتاب هيكون مقسم لفصول طبعا كل فصل هياخدك لمرحلة من مراحل الاعداد لتكن قادر علي استخدام ما لديك من معرفة بسلوك وحاجات وتاثيرات علي الشص الذي امامك في فدمة اهدافك

لعلك تجد كتاب مثل هذا بعد اعوام ولعلك تجد مثله في لغة اخري ومؤلف اخر لكن هناك بالطبع اختلافات بين الفكر الذي يعتنقه من حولك وفكر الغرب او الفكر الروسي اما عن الفكر العربي فهو متشابه كثيرا فان وجدت كتابا عربيا ليس مجرد مترجما من كتاب اجنبي ابقي ابعتهولي عشان وربنا ما هتلاقي.........

اما عن طريقة قراءة الكتاب فقد يحتاج قرائته لقرابة الشهر واما عن المؤلف فقد عاني الكثير من اجل ان يقدم لك هذا الكتاب ليس لجمال عيونك ولكن كان هذا من اجل ان اقف علي سبل التفكير عندنا هنا في

مصر وكمان اقدملك الكتاب عزيزي القاريء عشان انت دافع تمنه يعني ومتسألش اذاي دا انا مش شاريه ....؟

واما عن اهداء الكتاب...
فألي امي قرة عيني وابي.......

ايه الي انت بتقراه دا انت فاكر نفسك بتقرا كتاب رسايل البحر لا دا كتاب مبادئ علم السيطرة !...

فانا اهديه لكل من تعاملت معهم لان كل منهم قد اعانني بشكل ما علي اكمال هذا الكتاب بشكل ما وبطريقة ما ....

واما عن ادخال الكتاب وتصميمه وتوزيعه فمتبقاش غبي...!

يعني هو ال هيكلمك عن ازاي تتحكم في افعال وسلوكيات البشر

فاكيد يعني مش

هيغلب يطبع ويوزع ويرخص وكل الحجات التافهة دي ...؟!

1.لماذا ....؟

الحقيقة انا تعمدت انا اكتب الجزء ده في كل فصل كعنوان منفصل في الاول وبعد المقدمة عشان اكلمك انا هكتب الفصل ده ليه ...؟
وانت هتقرا الفصل ده ليه ...؟
لان احيانا كتيرة بيتوه الانسان بفكرة ازاي..؟ وينسي الهدف الاساسي والسؤال الاساسي ليه ...؟
فاكر من فترة كده دخل حد بحترمه وسأل هو انا ممكن اخلي فيل يدخل الغرفة دي ازاي..؟ ساعتها رديت انا بكل سزاجة هنقطعه وغيري قال ان ممكن نوسع الباب وفيه ال لاحظ ان الباب واسع بما يكفي لادخال فيل
لكن
كان رد الشخص ده وال بحترمه جدا لهذا ان مين قالك ان لازم ندخل الفيل اصلا..؟ وبدا يتكلم عن ان تفكيرنا الزايد في حل المشكلة ممكن ينسينا اهدفنا الاساسية ويخلينا نعرّف المشكلة غلط
فمثلا انا بقولك الكتاب اسمه مبادئ السيطرة في الفكر المعاصر وبدات اكتبلك عن محتوي الكتاب وانت مندمج نسيت انت.. انت ليه هتقرا اصلا ...؟الكتاب او انت ليه هتقرا فصل المقدمة ..؟
الحقيقة ان اغلب كتب الجامعة بتبدا باهداف واضحة للمحاضرة لكن ده مش كفاية كل منا لابد ان يعرف المشكلة بشكل صحيح
لما نظرت الي سؤال كيف ندخل فيلا للقاعة كانت نظرة ساذجة لانك تجاهلت سؤال لماذا..؟
فلو عرفت مثلا ان الهدف من ادخال الفيل هوالاحتفال ومن ثم سؤال لماذا وعرفت... لنشر روح المحبة بين الاشخاص في العمل لكان اسهل عليك ان تضع الف بديل لفعل هذا بدل من تكسير الباب وبدلا من تقطيع الفيل وبدلا من ان تلاحظ ان الباب واسع كنت سأسال هل سيصعد الفيل للدور السادس ؟
ولهذا لا تعجب من نقاش بسيط في اول كل فصل من فصول الكتاب بعنوان لماذا اناقشك فيه عن هدف هذا الفصل
اما الان دعني اقول لك ان هدف هذا الفصل هو توضيح طريقة التفكير الانساني من وجهة نظر علم وافكار السيطرة في الفكر المعاصر كما الحال حينما يدرس طالب الطب للتشريح قبل ان يدرس الامراض والعلاج وغيرها

1.تعريف

ايه هو علم السيطرة ده بقي يا سيدي ؟

بص هو ممكن تحسه للوهلة الاولي لما تسمعه انه يا ده علم شيطاني وشعوزة وسحر وغيره وخصوصا لو انت من الناس ال عايشة الحياة بتقليدية كبيرة عاوز تعمل زي الناس لانك مش حابب تظهر مختلف وبصراحة عندك حق المجتمع مبقاش بيطيق اي حد مختلف عن الجمع او بيغرد خارج السرب

بس متقلقش الكتاب ده هيخليك تفرض كلمتك وتمشي في الاتجاه ال انت عاوزه ... وربما هتعرف انك كنت راكب قطر غلط...!

علم السيطرة يا سيدي هو طريقة منهجية للعيش بسلام في اي مجتمع من خلال فعل ما تريد واقناع الكافة ان ده هو ما يريوه هم ومن ثم يثنون عليك ويسيرون خلفك في الاتجاه الذي تريده

عاوز انوه بس ليك علي حاجة انه ......

انه ممكن و انت داخل تقرا الكتاب ده يكون ليك اسبابك في فهم علم السيطرة

عاوز تكسب فلوس وده الاغلب ...

او حابب تشقط واحدة او غيره ...

بس متقلقش مش لواحدك ال بتدور علي علم السيطرة

في الاف من الناس ال عاوزين يفهمو العلم ده تحت اي مسمي ممكن يكون مدير شركة عشان يوجه موظفينه او تاجر عشان يقنع عميل يشتري او حرب ودولة عاوزة تسيطر علي عقول شعب دولة تانية

لكن ايا كان اسبابك حاليا من علم السيطرة ال انت مسكت الكتاب ده وقاعد تقراه مخصوص عشان تحققها فتأكد ان بعد اكمال الكتاب اما انك هتحققها او هتغير اهدافك شوية..

1.مفهوم خاطئ عن السيطرة في الفكر

يمكن تكون ليك اهداف اكبر بكتير

مش هيكون هدفك اكيد تشقط زميلة في الكلية معاك او انك تقنع خالد صاحبك انكم لازم تروحو المشوار ال انت عاوزه

وبصراحة وانا بألف الكتاب ده من سنة 2017 وانا متردد من نشره لان ممكن تكون ليه عواقب مش لطيفة خالص علي دماغنا كلنا

بس احب اقولك برده ان في المقابل في احتمال ان افادتك من الكتاب ده تكون افادة مناعية

1.تطور الفكر من الانعزالية الي المجتمع

ايوه يعني تقدر تمنع غيرك يسيطر علي دماغك

هتقولي برده طب وليه يعني احنا عاوزين نسيطر علي عقولهم وهم عاوزين يسيطرو علي عقولنا طب وليه الوش ووجع الدماغ ده ما كل واحد يخليه في حاله وبس ويعمل ال هو عاوزه

بص للاجابة علي السؤال الساذج ده لازم نفهم كويس اوي ان الكلام ده كان ينفع في العصر الحجري ايام ما كان الانسان قادر يعيش بدون تكوين علاقات معقدة

خليني نقول ان العلاقات الانسانية منذ نشأة الانسان علي وجه الارض مرت بثلاث مراحل

الاولي كانت الانسان بيعيش بدون علاقات مع قدرته علي تكوين علاقات مع غيره

والتانية كانت تكوين علاقات مع قدرته علي الانفصال عنها ال هو انا لسه في بداية علاقاتي مع الناس بس لازلت قادر علي الاستقلال عنهم

والمرحلة التالتة وال حاليا احنا فيها وهي تكوين علاقات مع المجتمع والناس مع عدم القدرة علي الانفصال عنها يعني يا حوستك السودة يا مرسي .....!

مبقاش في مجال انك تعيش بمفردك مستقل عن الناس يا حبيبي

خلاص بقي لازم تعيش بعلاقاتك المعقدة في المجتمع

طيب برده ما اعيش في مجتمع واكون علاقات نضيفة وكلام من ده ......

بص هو كلام محترم وجميل بس برده ليس معني انك عاوز تعيش في سلام وامان ان غيرك عاوز يعمل كده اطلاقا

1.الجانب السيء من الفكر الانساني

الانسان بطابعه في حاجة مستمرة لا تنتهي بتبدا بانا عاوز اعيش وبتنتهي بانا عاوز اعيش لوحدي انا...والباقي من تحتي

الحاجات دي بتكون في الاول حاجة نبيلة جدا انا عاوز اعيش واكل واشرب واسكن واحس بالامان واحب واتحب وامارس العلاقة

هوب

انت بتقول ايه ...؟

ده الجانب المنور من الحكاية بعد كده بندخل ف الجانب السيء من الحاجات الانسانية ال هو انا عاوز احقق ذاتي وال للاسف ده مش هدف معروف الا انه هدف يستمر مع الانسان لحد ما يجيب اجله لان ببساطة الحاجات الانسانية ال فاتت اهداف ساكنة انت بتحاول توصلها فممكن توصل عادي

انما تحقيق الذات ده عامل بالضبط زي ال رابط سلك في دماغه ومثبت في مقدمته سمكة وكل ما يجر عينه شايفة السمكة علي بعد 50 سنتي بس منه ......الا انه وهو بيجري عشان يجيبها بيتفاجيء ان المسافة بينه وبين السمكة ثابتة

او بمثل تاني ال كاتب هدف في حياته انا عاوز ازود دخلي بنسبة خمسين في الميه بعد شهر وكل شهر يلاقي نفس الهدف بيكرر نفسه

وبم ن الناس كلها بتدور علي تحقيق الذات ال هو هدف لايمكن الوصول ليه لانه هدف نسبي ديما بيكون اود ان اكون افضل مما انا فيه لما لا نهاية

اذا فانت للاسف بتكون مسيطرة عليك اهداف الالاف من الناس .....

1.كيف يراك الآخرين....؟

بتاع الفول عاوز يقنعك انك جعان عشان يبيع وبتاع العربية او السيارة عاوز يقنعك عشان تركب معاه

رايس الشركة عاوز يقنعك انك بحاجة للعمل بشركته بلا مقابل وصاحب المتجر عاوز يقنعك انك بحاجة لشراء كل ما علي الرف

م الاخر حتي لو انت شايف نفسك ملكش عوزة

ففي الالف من الناس شايفينك جزء مهم يمكن ان يخدم مصالحهم اذا وجهوك زي ما هم عاوزين ....او بمفهوم اخر يسيطرو علي عقلك

وبرده عشان منظلمش كل دول هم مش هدفهم الاساسي انهم يضروك اطلاقا هم ممكن ميكونوش عارفينك اصلا لكن هم في الاخر بيحاولو يحققوا ذاتهم ال هو مش هيتحقق في الاخر ......

وهو ده السبب ال خلي علم السيطرة علي العقول ينشأ

بص هو انت مش هتتعلم السيطرة علي العقول عشان تسيطر علي حد ...

انت انسان محترم وانا عارف والله انك حابب تتعلم ده عشان تعرف غيرك بيسيطر علي عقلك ازي فتحمي عقلك من ده

وحتي لو حاولت تهاجم عقول بعض الناس فده هيكون في سبيل ضربات استباقية لعقول اولئك الذين يحاولون السطو علي عقلك بكل ما اوتو من قوة

فبالتاكيد انت لست هذا الشخص الذي تحاول تعلم هذا لاجل تدمير البشرية

وحتي لو انت سيء للدرجة ... دي فانا واثق من ان عقلك سيتحول بعد اتمام هذا الكتاب لشخص يستخدم هذا الكتاب في الخير فقط

لكن اي خير وما هو تعريف الخير عندك ايها الكاتب ...؟

ستعرف خلال صفحات الكتاب يا محترم........

العلوم بصفة عامة كانت بتحاول تسيطر علي المادة يعني انا بدرس علم الزراعة بكل فروعه عشان اسيطر علي الارض واتخلص من الافات الزراعية واوفر ماية وازود الانتاجية

وبدرس علم الطب عشان افهم الامراض واعالجها و.....الخ

وكذلك كل لعلوم الطبيعية بتدرس السيطرة في المادة وده الحقيقي بيخلي دايما العلوم الطبيعية سهل تقنع الناس بيها لان الانسان بيتحكم في حاجة شايفها امامه فبيكون سهل تفهمها علي عكس العلوم الانسانية ال بتتعامل مع الانسان في الاساس وبما ان الانسان كائن عاقل فهو كمان بيستخدم علمه الانساني ضد العلوم الانسانية ال عند غيره

وبما ان العلوم كلها متداخلة ومتشابكة فكل علم له طريقته في تحقيق الهدف الاسمي من العلم وهو تحقيق الذات

وبالطبع هذا هو الهدف الاسمي لعلم السيطرة علي العقول البشرية من خلال هذا الكتاب باسم مبادئ السيطرة في الفكر المعاصر

الامر الاخر ال عاوز انوه عنه ان العلوم الطبيعية غالبا بتكون مبادئها واحدة تطبق في كل مكان حتي وان اختلفت مخرجاتها فالطب في امريكا هو الطب في فلسطين وغيرها حتي وان اختلفت الامراض الشائعة في كل منهم الا ان في العلوم الانسانية التي سنذكرها لاحقا فالامر يختلف بعض الشيء لان م يمكن تطبيقه في المادية الغربية لا يمكن تطبيقه في الروحية الشرقية

ولكن مع هذا فهناك قواسم مشتركة للعلوم كافة مهما اختلفت مناهجها

العلوم التي يدرسها البشر من خلال العقل البشري غالبا تتحدث عن تحويل شيء موجود الي شيء اخر او تعديل صورة المادة باستخدام كل الوسائل المتاحة لذلك هناك دائما جانب من العلوم التي يدرسها العقل لبشري والتي لا يمكن تفسيرها بالعقل

العقل البشري محدود في فهم تحول صورة الموجودات الي موجودات ربما يمكنك سماع شخص ساذج بيقولك مثلا ان الارض نشأت من الانفجار العظيم لك انت تتصور كيف فكر العقل في نشاء الوجود هو دايما يفكر في ان شيء موجود حدثت له عملية خلته انتج شيء اخر لكن كيف تحول اللا شيء الي شيء ليحدث الانفجار العظيم التي نشات عليه الارض...؟ لا احد يمكن ان يصل الي هذا بهذا العقل البشري

8. علم السيطرة والعلوم الآخري

اذا فكل العلوم التي عرفها الانسان تعامل مع المادة والظواهر الكونية والانسان والموجودات تعامل مع الخصائص ليس مع كيف تكونت

وهذه هي ربما النقطة الاهم التي يتشابه فيها علم السيطرة علي العقول بكافة العلوم الاخري وهي ان هذا العلم يحاول فهم سلوك الانسان تجاه مواقفه وردود افعاله كيف تكونت وعلي اي مبدا ظهرت ومن ثم يستثير رد الفعل هذا عند الحاجة

بكل بساطة ان الانسان لما اكتشف ان ضرب حجرين يولد شرارة يمكن استخدمها في اشعال نار فكر في كيف يمكن استخدام النار لطهي الطعام وبالتالي استخدم النتيجة التي وصل اليها بالملاحظة في احداث الفعل المطلوب وهو اشعال النار فمثلا اذا قلنا انه اثناء دراسة اجراها كاتب الكتاب هذا علي مستخدمي الفيسبوك في مصر انهم بنسبة فوق الثلثين لا يقرا من المنشورات سوي اول اربع جمل

ويُراد بناء عليهم

فبالتالي يمكن كتبة المعلومات الجيدة في اي منشور في الاول وجعل اخر المعلومات هو الاسوء وبالتالي ستكون انت قد قمت المعلومات مثلا كاملة من العيوب والمزايا في مستند وحصلت علي توقيع احدهم عليه دون ان يلحظ كيف ان المستند فيه بلاوي سودة ومنيلة بستين نيلة تحت في اخر المستند وهذا ما سيتم مناقشته فيما بعد تحت عنوان ترويد الفعل لتمكين السيطرة

اذا فعلم السيطرة مبني علي الملاحظة والاستنتاج كاي علم اخر في العلوم الطبيعية لكن وبما انه في مجموعة العلوم الانسانية فهو لديه بعض من مشاكلها وهو التعقيد في الوصول للمعلومات وصعوبة الملاحظة

اذكر وانا احاول استنتاج تلك المعلومات انني عانيت الامرين مرة وانا اتصنع المشاكل ومرة استحقارهم لي وهم ينظرون الي وانا اتصنع الغباء في كثيرا من الاحيان

هذه المعلومات المقدمة في الكتاب بدا التحضير لها وتسجيل بعضها باستخدام الاوراق وبعضها باستخدام التسجيل الالكتروني وبعضها الاخر في تخزين سحابي كي لايكون مكان واحد في كافة المعلومات التي جمعتها

لكن رغم هذا اذكر اني بعد كتابة 100 صفحة فقدتهم تماما بخطأ ما

واذكر ايضا اني بعد ما كنت مجهز اول فصلين مع الفصول الخمسة الاولي بمواقف وتفاصيل الدراسات ال تمت من دون ذكر اسم شخص واحد منهم

اني لما رجعت اكمل الفصول الخمسة ال اتحذفو من جديد غيرت في اسلوبي وتجاهلت كل تفاصيل المواقف

ورغم اني كان باقي معايا اول فصلين من قبل التعديل الجزري ده

فكان عليا ان ازيل اغلب المواقف ال حصلت تماما

منعا للاحتكاك مع هؤلاء الاشخاص

لاني في مرحلة ما وانا بقرا الفصل ده فكرت

الميزة اكيد واضحة من اضافة التفاصيل دي

بس المشكلة ال بتظهر من وجود التفاصيل دي اكبر من الميزة بالتاكيد

9. السيطرة وحدها لا تكفي

اذكر اني كان علي في استنتاج اسس هذا العلم الاستعانة بالله كي يلهمني الصبر واستخدام ادوات تقنية اخري مثل الذكاء الاصطناعي وبرامج الميكروسوفت كنت طالبا في كلية تمريض وادرس البرمجة والادارة في جامعة ما وانسحبت منها مؤخرا واللغة الفرنسية والالمانية

ده بس عشان اوضحلك ان علم السيطرة هو مجرد مبدا يمكنك استخدامه مع باقي العلوم لفعل ما تريد

تخيل انك دكتور شاطر و عاوز تمسك مدير مستشفي

اكيد هيكون سهل

طيب تخيل ان انت مهندس فاشل وفاهم اسس السيطرة علي العقول و عاوز تمسك ادارة شركة هندسية

للوهلة الاولي ساخبرك بان ستنجح في اقناع الالاف انك تقدر تدير الشركة حتي مؤسس الشركة نفسه وللوهلة الاولي هقولك انك ممكن تستمر في شهور في اقناع الناس انك تدير بشكل جيد وكمان يمكن تخلي امهر المهندسين يشتغلو لحسابك وتقدم انجازتهم علي انه انجازك لكن بينك وبين نفسك فلازلت انت مهندس فاشل ...

و هذا هو احد اخطر المشاكل في دراسة هذا العلم

ربما ستساعدك مبادئ السيطرة علي الانتقال من مكان لمكان واقناع الناس وادارة عقولهم كيفما تريد لكن ايضا عليك ان تكون متفهم لاصول العلم الذي من المفترض انك قائم عليه

هل هو الهندسة الزراعية او الطب او التجارة او خلافه ....واقرب ما يكون من علم السيطرة هو التجارة لانك في الاساس تعتمد علي توجيه عقول الناس لشراء منتجك الغبي باعلي سعر ممكن

العلوم الانسانية قد تتخذ مواصفات مختلفة قليلا تميزها عن باقي العلوم ولعل ابرز نقطة هي ان العلوم الانسانية في مصر والشرق الاوسط قد تنظر الي الانسان علي انه هذا المخلوق المعقد خلقه الله لهدف و عليه ان ينفذ ذلك الهدف وبالتالي هي تنظر نظرة ايمانية معقدة ....وكاحد سكان الشرق الاوسط فلدي نفس النظرة ...اما الغرب فينظر ربما الي الانسان كهذا الجسد المكون من هرمونات وانزيمات وتركيبات كيميائية و عليه فالغرب ربما يتعامل مع البشر و الانسانية بلغة الارقام اكثر من لغة الاديان

لكن لأكون واضحا انا اتحدث في هذا الكتاب بنظرة الي الانسان بالطريقة الشرقية المتدينة نظرة العقل المحدود الذي يستطيع فهم تحول الاشياء الي اشياء

وربما الغرب له احقية في نظرته للانسان انه مادة وانه يمكن التعامل مع العلوم الانسانية بنفس طرق دراسة العلوم الطبيعية وحسابات الرياضيات

اما في نظرتي ككاتب هنا فانا انظر للانسان منظور كلي من الروح والجسد والقدر والجانب الخفي الذي لا يمكنني فهمه ولكن يمكني احساسه وادراكه وانا اذ اكتب تلك الصفحات مؤمنا تماما بقدرة الله علي كل شيء وانه قد اكون دارسا لكل العلوم ولا استطيع اقناع شخص بفترته لان الامة لو اجتمعت علي ان تضر شخصا والله لم يقدر هذا فلن يصله ضرر او كما قال النبي صلي الله عليه وسلم

10. علم السيطرة وعلم النفس

وال عاوز اوضحه ان احنا في مقدمة الكتاب ده حاولنا نوضح الموضوع من العام للخاص يعني العلم وبعدين العلوم الانسانية وبعدين علم لنفس وال هو ممكن اكتر من حد يخلط بينه وبين علم السيطرة في الفكر المعاصر وبصراحة ده مش غلط ان العلمين لهم هدف واحد بس ممكن يكون علم النفس مهتم بالجانب التحليلي اكتر يعني من خلال دراستي السطحية لعلم النفس قدرت افهم انه بيحلل سلوكيات البشر اكتر ما بيهتم انه يطورها

علي عكس علم السيطرة ال مهتم برده بفهم سلوك البشر ولكن في الجانب الثاني توجيه افعالهم بشكل مباشر من خلال فكرة الفعل ورد الفعل وكمان علم السيطرة اكيد بيتداخل مع كافة العلوم الاخرة بس التداخل مع العلوم الانسانية بيكون اكبر دايما

اتذكر طلب مني ذات يوم املي استبيان من 200 سؤال في مقابل ما *
بساطة كتبت كود بلغة برمجية ما وخليتو يملي الاستبيان يختار اخر اجابة ديما
حتي اني لما راجعت الاجابات وجدت ان من ضمن الاسئلة الدين
اسلام او مسيحية او دين اخر

بالطبع زي ما فكرت كود هذا المشروع اختار الاجابة الاخيرة دين اخر

وقيس عل ذلك ان حتي لو الاسئلة قليلة و الانسان بيجاوب بنفسه مش كود

تفتكر لما احد الكليات تعمل استبيان عن مدي رضاء الطلبة عن دكتور مادة ويطلبو تكتب اسمك هتكتب انه فاشل وميعرفش اصلا ***كذا وكذا

تفتكر الدكتور ال بيدخل لاول مرة تعامل مع طلبة بتوعه ويقولهم قولولي رايكم في في ورقة مكتوب فيها اسمك هيتكلم بصراحة

11. علم السيطرة في المجتمعات

يستخدم علم السيطرة علي العقول علي نطاق واسع من سيطرة بعض الدول علي الاخري سواء بالسيطرة الجمعية علي عقول شعب معين او باستخدام امير او حاكم او رئيس هذا البلد

والسيطرة علي العقول ليست قائمة لخدمة الافراد ولتوجيه الافراد فقط ,فقد تستخدمها دول باكملها او افراد بشكل متقن للسيطرة علي عقول شعوب اخري لخدمة مصالحها

اتذكر كم مرة قامت حرب بين دولتين فقمت دولة ثالثة بدعم حركات مقاطعة داخل الدولة الاولي لمنتجات الدولة الثانية وايضا حملة مقاطعة لمنتجات الدولة الاولي داخل لدولة الثانية ومن ثم تبيع الدولة الثالثة منتجاتها في كلا الدولتين

12. العلوم الانسانية والعلوم الطبيعية

تختلف العلوم الانسانية عن العلوم الطبيعية في المنهج التجريبي لان المنهج التجريبي اسهل في العلوم الطبيعية بعكس العلوم الانسانية التي ربما تكون تجاربها مؤدية لحروب شاملة او لتدمير الفكر الانساني وللاسف فغالبية اهل العلوم الانسانية في العصر الحالي وبخاصة علماء النفس اصبحو ممن يستسهلون العلم.... بقو يا دوب يعملو نموزج علي جوجل والناس تدخل تملي النموزج وبس كده هم جمعو بيانات وهيهات هيهات لما يجمعون من بيانات

وكيف يجبرون من يملي تلك النماذج احيانا وهيهات هيهات لاكواد البرمجة وكيف تملي تلك البيانات في الواقع وهيهات هيهات لطريقة تحليل البيانات تلك

وبما ان العلوم الطبيعية قد تكون ثابتة تقريبا في كل مكان فهي تخرج من الغرب وتنفذ علينا وعلي الغرب علي حد سواء اما العلوم الانسانية فكانما للغرب دراسات خاصة بنتائج مختلفة عن تلك النتائج لدينا وهيهات لما لدينا ....!

13. قوانين الاحتمال في علم السيطرة

والعلوم الانسانية قد تتفق مع العلوم الطبيعية في وجود نسبة من الخطا في التقديرات رغم ان تلك النسبة قد تختلف فلو فكرت باطلاق رصاصة تجاه جسم ساكن علي بعد منك وانت ساكن في مكان ما فالامر سهل

تخيل انك تتحرك ولكن الجسم ساكن ربما الامر صعبا ...!

ثم تخيل ان الجسم يتحرك بطريقة عشوائية او باسلوب اخر انت لا تفهمها بينما انت تتحرك بانتظام في اتجاه معيا ثم نصل الي الامر الاصعب ان كنت تحاول اصابة هدف متحرك بدون معرفة مساره وانت علي ظهر سيارة تسير وانت ايضا لا تعرف وجهة تلك السيارة هنا سيكون الامر اشبه بالمستحيل

لكن يظل ممكنا وهذه هي العلوم الانسانية

فانت تتعامل مع انسان عاقل متحرك قد يكون يدرس نفس العلوم التي تدرسها ويحاول تطبيقها ايضا وانت علي ظهر تلك السيارة التي لاتعرف وجهتها ***(حقيقة السيارة التي تركب علي ظهر ها هي افكارك وتوجهاتك الفكرية داخل عقلك الباطن)

نعم فالباحث في العلوم الانسانية قد يحاول توجيه رصاصته او توجيه الشخص الاخر الي ما يريد بينما عقله البطن يوجه هذا الباحث لاتجاه اخر او لهدف اخر او يشوه معلوماته

وربما يكون الشخص الضحية قد قرا عن القاذفات الفكرية والقي قذيفته الفكرية نحو الباحث او بالادق نحو عقله الباطن وبالتالي تغير الفكر في عقل الباحث الباطن من اطلاق الرصاصة الي اللهو فوق السيارة ربما

ببساطة انت تتعمل بعلوماتك الانسانية مع اشخاص هم ربما درسو تلك العلوم او علوم متقدمة عنها ويحاولون اصابتك او تضليلك

14. طريقة المسايرة والحفر من اجل البناء

ساوضح لك في البقية من الكتاب طريقة المسايرة في السيطرة علي العقول وهي ببساطة ان تقول لعقل من امامك انا غبي انا سأطيع او امرك بكل سهولة وتسير معه نحو هدفه حتي يعتبرك صديقا بدلا من عدو بالتالي يمكنك في الوقت التالي مهاجمته بالقاذفات الفكرية المختلفة وحينها لن يفهم ايا كنت انت صديقه ام عدوه

انا اتفهم تماما ان ربما احد يعرفني بيقرا الكتاب يبدا يقول

طيب دا احمد ده ما ينفعش نثق فيه لاكن هذا حقيقة مجرد مثالا للتوضيح لا اكثر

بالمناسبة يعني انا لما كنت ببحث خلال السبع سنين ال فاتو في سلوكيات البشر كا لازم تنشن او مشاكل مع ناس كتيرة عشان يتعاملو معايا بواقعية ويعملو معايا نفس ردود الافعال ال بيعملوها مع الناس ال بيكر هوهم

لكن ب ده عملت الافعال دي مع ناس خليتهم حبوني جدا كان في 30 % بيحبوني و30 % بيكرهوني 30 % بتعامل وادرسهم من دون تكوين علاقات اولية لكن ال10 % الاخيرة كنت مخليها ديما طوق نجاة لو حسيت اني هروح في داهية وبعدين الانسان يا اخي ده معقد جدا تخيل انه من الصعب تعيش من غير صحاب انا اتاكدت من موضوع الحاجات الانسانية ان الانسان محتاج علاقت انسانية زي ما محتاج ماية وهواء لو مش عشان يحبهم ويحبوه علي الاقل يدافعو عنه وينقلولو صورته في منظور الناس

15. هل اردافك من النوع العريض

علماء النفس احيانا بيقيسو المعدلات والافتراضات بتاعتهم بالاستفتاءات واستطلاعت لكن هيهات هيهات لم يفعلون

علي العكس علم السيطرة بيجمع البيانات بطرق مختلفة وبيفترض في الاساس سوء النية للاسف

يعني علماء النفس او علي الاقل اولئك **** ممنهم يدرسون علم النفس بيعملو فورم علي جوجل والناس تدخل تجاوب علي الاسئلة وياخدو المعلومات دي ويحللوها

طب تخيل كده انت مطلوب منك استبيان بيسجل ايميلك الشخصي وبياناتك حتي لو مكتبتش اسمك ويجي يسالك هل تعرضت للاغتصاب قبل كده ؟

او هل اردافك من النوع العريض او الضيق ؟

بالله عليك تتوقع انك تجاوب ؟

وضيف علي كده البشر بصفة عامة مش بيحبو يفصحو عن خصوصيتهم

وضيف علي كده الحمق الاعلي

16. حب الانسان في الظهور جميلا

اتذكر مرة فتحت كتاب ما ***** علي حاسبي الشخصي لاجد ان الكتاب كله ملنك او روابط خلفية لمقالات في ويكيبيديا وده معناه ان الكتاب كله من موسوعة وكيبيديا بالنص

تفتكر لو حد جه وسال الشخص ال عامل الكتاب ده عن مصادره هيقول ويكيبيديا ...؟

الانسان يا عزيزي يميل دائم الي تقديم الجواب يخليه مشرق في الصورة يعني مثلا لو هو سالت واحد رد فعلك لما حرامي بيهجم علي بيتكم...؟ ممكن يحسسك في الاجابة انه سبيدر مان... ولما يتحط في الموقف تلاقيه استخبي تحت السرير عشان كده كانت طريقة ملاحظة واستنتاج المعلومات في علم السيطرة مبنية علي مشاكل فعلية اضطر الكاتب افتعالها لفهم رد الفعل عليها خلال السبع سنين ال فاتو وهو ده ال يخليني اقولك في الجزء الجاي اهم مبادئ علم السيطرة .....

17. مبادئ علم السيطرة

من اهم مبادئ علم السيطرة افتراض سوء النية وسبق ووضح الكاتب ليه...؟ والمبدأ التاني هو النسبية فكعلم يدرس هناك نسبة خطا وكعلم انساني تزداد نسبة الخطأ والمبدأ التالت هو الترابط العلمي بينه وبين العلوم الاخري فاغلب القواعد يمكن تطبيقها علي العلم وكذلك فهمك للعلوم الاخرة يسهل عملية الايقاع بتوجيه فعل الشخص او الاشخاص والمبدأ الرابع هو التطور المستمر فالانسان دائما ما يطور دفاعته تجاه الامراض وايضا يطور دفاعات عقله تجاه القاذفات الفكرية ويتطور هو ذاته لمنع السيطرة عليه او لاحكام السيطرة علي عقل احد غيره والمبدأ الخامس وهو احكام السيطرة علي العقل باقل قدر من الضرر فكاتب هذا الكتاب لم يدرس هذا العلم للضر باحد وانما لمواكبة التطور المضاد في علم السيطرة ولمنع ان يقع فريسة في يد احد يسيطر علي غيره والمبدأ السادس هو الشيئية فهذا العلم يعيد تغيير السلوك ويوجه الفعل ولا يخلقه وهذا لان علم السيطرة يقع في نطاق العلوم التي يدرسها البشر وبالتالي لا يفهم كيف يتحول اللا شيء الي شيء..؟ هو فقط ينظر الي تحول الشيء لاخر ......

وبالتالي فكاتب الكتاب كان كل تركيزه كان علي اي الافعال ستؤدي الي اي السلوكيات

يعني ببساطة ما هي ردود الافعال الانسانية تجاه افعالنا نحن او افعال غيرنا وبالتالي فهم الفعل ورد الفعل الشائع عليه وما ان تكون بحاجة لان يفعل الشخص هذا الشيء ستفعل بالتاكيد فعل ما يكون رد فعل الشخص الطبيعي عليه بشكل لا واعي هو افعل المطلوب

متقلقش انك مفهمتش لان ده هيتم مناقشته في الكتاب بالتفصيل

18. اهداف علم السيطرة

واهداف العلم علم السيطرة في الفكر المعاصر تتمثل في هدفين رئيسيين هم حماية نفسك من القاذفات الفكرية الاخري وتوجيه القاذفات الفكرية للاهداف الشخصية مع مراعات مبدأ عدم الحاق الضرر قدر الامكان

فكما وضحت قبل البدا في الكتاب ان الكتاب ربما يغير بعض اهدافك لتي التقطت هذا الكتاب من اجلها او نزلته علي تليفونك عشانها

انت ممكن جدا تكون جبت الكتاب ده عشان تبقي الواد المثقف او البنت المطلعة والمسيطرة في العلاقة لكن بالاساس سيعلمك الكتاب كيف تسيطر علي نفسك وتحدد اهدافك قبل السيطرة علي الاخرين والا العملية هتبقي حرام يعني اجيب ناس معندهمش اخلاق واعلمهم السيطرة...؟ يبقي علي الكوكب السلام

عشان كده الفصل الاول من الكتاب بيتكلم عن نظرة إلي الكتاب من جانب اخلاقي لكن ده ما يمنعش انك هتتعلم ازاي تحلل سلوك الاشخاص وتفهم سلوكهم وتوجه فعلهم وتحمي نفسك من مقذوفاتهم الفكرية

19. طرق استنباط افكار علم السيطرة

تاتي طرق استنباط قواعد علم السيطرة من مبادئ العلم التي ذكرتها سابقا فعادتا ما يتم استخدام التجارب الاكلينيكية المباشرة مع نماذج مختلفة من الناس اولهم المحبين وثانيهم الكار هين واولئك الذين يتم التعامل معهم للمرة الاولي كما يتم استخدام باقة من الاساليب العلمية التقليدية في البحث والملاحظة والاستنتاج والتجربة والتطوير المستمر فمن سمات العلم انه علم مستمر التطوير لمواكبة احدث التقنيات واساليب القذف الفكري والمسايرة والتشويش والتضليل والتعتيم وفكرة التغليف او بمعني ادق وضع الكلام الغير مرحب به وسط الكلام المرحب به لكي لا يلاحظه احد وغيرها ما كانت

لتوضع الا من خلال التجارب ...كذلك هناك قواعد يتم تعميمها احيانا بعد قياس مداها علي نماذج عشوائية من البشر يمكن ايضا تجربة بعض القواعد التي تسري في مجتمعات اخري لمحاولة تطبيقها علي مجتمعات جديدة لقياس مدي دقتها هنا لدينا

1.خاتمة الفصل التعريفي

بطبيعة الحال علم السيطرة مش قائم بذاته وبالمناسبة ما فيش علم قائم بذاته كل العلوم بتتشابك مع بعض وممكن نقص عندك في علم تقدر تعوضه بمعلومات في علم تاني

بص العلوم كلها بتتعمل عشان الانسان يوصل لاهدافه ال من خلالها الانسان بيحقق الحاجات بتعته من الدنيا في علوم طبيعية وفي علوم انسانية لكن كلها متشابكة في الاخر انت بتدرس هندسة وانا بدرس ادارة واسلام بيدرس ميكانيكا عشان نشتغل ونجيب فلوس نامن بيها حياتنا عشان نعرف نكسب كتر فنتجوز ونستقر فنشتغل افضل ونكسب اكتر فنجيب عربية ونقعد في مكان راقي او بمعني اخر مكان مش كل الناس بتعرف توصله غير ال تعبو بس وده عشان تكسب اكتر وتعرف تبقي حد مهم ومعروف والناس المعروفة دي بتحاول تشتغل اكتر وتكسب اكتر عشان تبقي في مكان احسن وتدور الدايرة لحد ما تلاقي نفسك اشهر حد في بلدك فتفكر تكون بقي بشكل دولي فتشتغل اكتر بقيت علي مستوي الكوكب

ايلون ماسك بعد ما بق تقريبا اشهر في الارض بقي يشتغل اكتر ويتعب اكتر عشان يبقي الاشهر في المجموعة الشمسية وتستمر الاماني وتستمر المساعي خلف هدف غير معروف قوامه عاوز ابقي افضل والافضل والاكبر والاوحد

والعلوم الدينية ليها نفس الهدف والتسلسل عاوز تعمل عمل صالح يدخلك الجنة وبعدين تحب تعلي درجاتك في الجنة فتعمل اكتر في مستويات يا عاوز اعلي ويستمر العمل من اجل مكانة افضل

وبما ان العلوم كلها بتتشارك في الهدف الاسمي للعلم وهو السلف اكتوليزيشن او تحقيق الذات فبالتالي انت ممكن تستخدم علم واحد تحقق بيه ذاتك كانك بتبني عمود خرسانة مسلح وتحط فوق راسه شقة سكنية ليك

تفتكر ده حل ممكن اه ممكن طبعا وبتوع هندسة عارفين بس للاسف تكلفة العمود ده بتكون اكبر من اربع اعمدة ممكن يشيلو الشقة دي .؟؟؟

وده ال يخليني نقول ان رغم انه الاعتماد علي علم واحد ممكن يساعدك تحقق اهدافك وتمشي علي طريق تحقيق الذات الا انه مش الحل الافضل

الفصل الاول : فكرة الكتاب من نظرة اخلاقية

1.مقدمة للفصل

فـي هذا الفصل من الكتاب وددت التحدث عن نقطة جوهرية عن علم السيطرة وهي جانب الاخلاقيات العلمية
او كما يسأل احد الأغبياء ...
علم السيطرة ده حلال ولا حرام ...؟
بص هو الكاتب هنا باصصله من نحية المنفعة بالتوازن مع الضرر
يعني هو السيف حلال ولا حرام..؟ و الكحوليات حلل ولا حرام..؟ والسكينة حلال ولا حرام ..؟
الكثير من الاشياء في حياتنا لا يمكن النظر اليها نظرة شاملة بمنطلق هذا حرام وهذا حلال...!
لكن يعتمد علي الموقف و الاسلوب الذي تستخدم فيه فالسكينة ال بتدبح بيها فرخة هي نفس السكينة ال بتدبح بيها
انسان والالكحول ال بتشربه وتسكر وتبقي عامل زي الطور الهايج هو نفسه او معدل قليلا ال بنعقم ونطهر بيه والسيف
الذي يقتل القاتل هو ربما نفسه الذي قتل به القاتل المقتول ......
مش مهم تفهم الاخيرة انت كده كده فهمت المثالين ال قبله
اذا فالاساس في علم السيطرة في الفكر هو حماية النفس من الاساس فكون ان البعض سيحاول استخدامه في الحرام
فهذا ليست مسئوليتي
لا والله هي مسئولية كبرى بالنسبة للكاتب ليتخلص من الاخلاقيات السيئة لدي بعض القراء الذين ربما امسكو
بالكتاب لاذي الاخرين فانا وعدت ان همنع ده بطريقتي في السيطرة علي العقول
ومتسالش ازاي عشان ده اصلا جوهر الكتاب

1.لماذا ....؟

في هذا الفصل سنوضح المنظور الاخلاقي لعلم السيطرة علي العقول
وحماية النفس الحقيقة ممكن تكون في منظور البعض احنا يعني هنمنع الموت ..؟
لا والله مش هتمنع الموت ولكن انت وانا والناس كها ربنا خلقنا لتادية رسالة
الانسان مش بس مخلوق عشان ياكل ويشرب ويتجوز ويمارسها كده زي البهايم خالص
الانسان محتاج يضيف جديد من فكره للناس ويعلم غيره ويخدمهم
وامام طريقك لخدمة الناس ودعمهم بتلاقي اشخاص ممكن تشكل عقبات كتيرة من الاشخاص وربما هم اذكي مني
لكن علي اي حال بيختلف فكرك وثقافتك واخلاقك و عاداتك عنهم
فلا شك ان في الاخر في واحد رأيه هيمشي...
يبقي انت اكيد محتاج تعرف ازاي توجه عقلهم يعملو ال انت عاوزه

1.تعريف

يمكن تعريف علم السيطرة من الجانب الاخلاقي علي انه علم وقائي يهدف الي حماية النفس وتجنب الوقوع في
افخاخ الغير والتوجيه الي ما فيه المصلحة العامة و علاج الامراض النفسية المتوطنة في بعض المجتمعات من خلال
فهم وتحليل سلوكياتهم وتوجيهها بشكل سليم

1.حاجات الانسان

هسمع واحد ذكي او بيفهم شوية
بيسال تاني
طب وانا ليه (احارب واقتل واتقتل زي ما بيقولو يعني) ويا اما اسيطر علي عقل حد او حد يسيطر علي عقلي ..؟
ليه وجع الدماغ دي ..؟
اقولك انا لمحت للاجابة في الفصل التعريفي و هوضحهالك
الانسان بطبيعته لي حاجات انسانية زي ما قولنا
ياكل ويشرب ويتجوز ويمارس علاقة حميمة والكلام الممتع ده
وده الحقيقة ما فيهوش مشكلة لان انا في الارض سهل اكل واشرب و وكمان زي مانا عاوز اتجوز كراجل في ست عاوزة ده برده فالعملية متكافئة لحد كبير

5. الحرب والسيطرة علي العقول
وبالمناسبة انا بعتبر السيطرة علي العقول احد اجيال الحرب زي ما ال قبلنا حاربو بالسيف والدبابة والفيروسات الخ وصولا للحرب الفكرية

الحرب مش حاجة وحشة لان احيانا انت بتحارب عشان فكرك و عقيدتك ومبادئك و انسانيتك
لكن اصعب حاجة في الحروب الاعتيادية وال بينتمي اليها اغلب اجيال الحروب السابقة انك بتخلي العدو يفقد حياته
انما في جيل الحرب بالسيطرة علي العقول انت بتحافظ علي حياة العدو بل وتحافظ كمان علي انه يعيش مستوي رفاهية عالية

ومتنتسربعش وتسبق الاحداث هفهمك اذاي بعدين
بس برده في انتقاد هيظهر لطريقة تفكير الكاتب .....!

6. الفكر القذر
لكن المشكلة الكبيرة بتبدا تظهر ..
لما انا اكون عاوز اتجوز نسمة وخالد عاوز يتجوزها
هنا بتظهر مشكلة ان الموضوع مبقاش حاجتك للعلاقات الحميمة خالص
لان في الاخر ال تعمله نسمة هتعملو اي انثي تاني في سد حاجتك الجنسية لكن هنا انت بتتحول بشكل غير مدرك من سد حاجتك الجنسية
الي مرحلة اعلي واغبي و هي سد حاجتك في تحقيق الذات
الموضوع مبقاش انثي بقي
لا الموضوع بقي انا عاوز ابان انا ال فوزت بالبنت دي
وانا انتصرت عليه
حتي لو عقلك مش موضحلك ده وقعد يضحك عليك واصل انا بحبها وبتاع
لان المشكلة هنا هي ان كلنا لينا نفس الهدف نفسه في مرحلة تحقيق الذات
يعني في مرحلة سد حاجة الاكل او الشهوة او الامن انت ممكن تحقق هدفك وغيرك يحقق هدفه انما في مرحلة تحقيق الذات في الاخر لازم واحدة ينتصر
طبعا للاسف لما بتحقق ذاتك في مستوي عقلك بيحط مستوي اعلي ويبيحاول يوصله

1.ضرورة السيطرة

ال حصل علي كوكب الارض ان اول ما نزلنا من الجنة وبدانا نعيش علي الكوكب ده
* ايا كنت مؤمن بده او لا
كان كل واحد قادر يعيش في سلام ياكل من تحت شجرة ويستظل بها
لكن بعد شوية بدات تتكون علاقات
ال هو تلاته ولا اربعة يتفقو هم وولادهم ان هم مع بعض ويوزعو الادوار
انا هصتاد الغزال وانت تشيله ومحمد هيطيبه وناكل وناكل عيالنا
هنا في المرحلة دي كل واحد فينا يقدر يعيش حياته لوحده لكن هم بيعتمدو عي بعض بس لو اختلفنا كل واحد
هيصتاد ويدبح ويسلخ ويطيب وياكل عادي
لكن بعد شوية الناس ال بتدبح دي بقت مش بتعرف تصتاد وال بيطبخ مبقاش بيعرف يدبح فالموضوع بيتعقد لان
انا بقيت في مجتمع جزء منه ومعتمد عليه ومعتمد عليا
يعني ايه ....؟
يعني انا اتنقلت من مرحلة ان انا عايش بطولي
لمرحلة انا عايش بتعاون بس برده لازلت قادر اعيش بطولي للمرحلة التالته ال هو انت خلاص اتدبست
انت مبتعرفش تعمل حاجة غير انك تدي حقن انت تمرجي فمضطر تعتمد علي الطباخ والجزار والمكوجي احيانا
انت هنا بقيت جزء من المجتمع او كما كتبت في ملاحظاتي للفصل ده
انت اتنقلت من الانعزالية الممكنة الي الانعزالية اللا ممكنة
وبالتالي في المجتمع ده كل واحد ليه اهدافه وحاجاته وهدفه في السلف اكتوليزيشن متنساش او تحقيق الذات

8.صاحب عربة الفول

يعني في المجتمع ده بتاع الفول عاوزك تجوع وتروح تاكل فيكسب
هو هنا مش هدفه ضرك بل بالعكس هو عاوز يفيدك ويستفيد فيكسب ويفتح بدل العربية مطعم
وده مثال بسيط بس لما نتنقل لمرحلة اعمق

1.التسويق

مثلا مارك زيكنبورج صاحب الفيسبوك
بنفس منطق صاحب عربية الفول
راجل ناجح ومش مهتم يضرك اكيد بل انه بيحاول يوصل العملاء في منصات ميتا للرفاهية وغيره بس في سبيل
ذلك مهتم اكيد بنجاح مشروعاته حتي لو كان علي حساب بعض التضحيات بجوانب معينة
ده مش هدفه مش هدفه للضر بعملائه لكن ده بيحصل لان هدف مارك انه يقدم رفاهية للعملاء بيخليهم اكثر ارتباطا
بمنصاته
الراجل يكلم اهله عالوتساب ويخلص يدخل الفيسبوك يتصفح شوية يفتح جوجل يبحث عن جذم كويسة يقوم يلاقي
اعلان جذم من محل تحت بيتهم
رغم ان المحلات ال تانية ارخص

بس المحل ال عامل اعلان ممول بقاله شهر هيظهر وهيقنع الراجل انه يشتري لانه بيلاقي خمستلاف لايك عالصفحة والف واحد في التعليقات

كل دول مارك وايلون ماسك وغيرهم مش هدفهم يضروك بس هم مش مهتمين من الضرر ال هيحصلك في سبيل تحقيق ذاتهم

كل واحد هدفه يحقق اهدافه وبس وانت كمان جايب الكتاب ده عشان تتعلم اذاي تحقق اهدافك من خلال علم السيطرة

اذا فالعلم مثله مثل اي علم يهتم بتحقيق اهدافنا في تحقيق الذات دون النظر في الضرر للاخرين حتي وان كان كما ذكرت يهتم بتقليل الضر لاقل حد ممكن

يعني الفيسبوك مش عاوز الراجل يدفع كل فلوسه في الجزمة ال في الاعلان ده لان هو عاوز تفضل معاه فلوس عشان يستمر في الدفع والشراء ويستمر هو في تلقي الاموال مقابل الاعلانات ومهتم بالرفاهية للعملاء عشان كل ما هيكون المستخدمين سعداء هيستهلكو منتجات اكتر فالمعلنين يبيعو اكتر ويدفعو اكتر ويرتبطو اكتر بالفيسبوك

ده بياخدنا لنقطة اكثر عمقا هل الناس دول مارك وايلون ماسك خير ولا شر ..؟

يعني بيفيدونا ولا بيضرونا كويسين ولا وحشين ..؟

الحقيقة الاجابة بتكون صعبة بردو لان الخير والشر في حد ذاتهم ممذوجين بشكل غريب

يعني صعب تلاقي حاجة فيها كل المميزات من دون عيب

او ذي ما احد دكاترة الفارماكولوجي قالنا في يوم مفيش دوا ملوش اثار جانبية لازم يبقي ليه بس بتفرق بقي انت بتعالج ايه وبتتاثر جزئيا بايه

يعني مارك وايلون ماسك وبتاع الفول

صحابنا دول في جانب الخير هم بيقدمولنا جانب محترم من سد حاجتنا للمعرفة والطعام والتواصل وخدمتنا وتوفير اعلي معايير الرفاهية

انت لما بحثت عن جزمة علي جوجل ولقيت اعلان جذم في فيسبوك فده سهل حياتك

وانتِ لما اشتريت الفول سديت احتياجاتك ولما فتحت الفيسبوك وكلمت منار صاحبتك فانت سديت حاجتِك في التواصل البشري او غيره

لكن ده ما يمنعش انهم بياخدو تمن ده

بس ايه المشكلة ..؟

طب ما هو الراجل بيخدمك ايه المشكلة لما ياخد مقابل ده

يعني الراجل شاري سيرفارات ومشغل مهندسين وقواعد بيانات وبيخدمك اكيد لازم يستفاد يعني يا اخي يا الله عليك انت كنت متصور انه هيقدم ده ببلاش اذاي يعني ..؟

علي راي صديقي لما قالي ان لم تدفع تمن السلعة فاعلم انك سلعة اخري

وبالمناسبة مثلا مارك عرض خدمة دلوقتي انك تدفع مقابل ال لا اعلانات

تفتكر حد هيعمل ده ..؟؟

لا

فببساطة خالص العلم ليه اضرار اكيد من استخدامه طبيعي ....!

1.الخير والشر

فموضوع الخير والشر هذا مرتبط بالفكر والعقيدة والديانات والعادات والاعراف وافكارك الشخصية وقنعاتك المؤقته ومدي تاثير اصحاب الرأي عليك... وايضا مرتبط بتجاربك الشخصية ومفاهيمك ولغتك ومشاعرك

كما كانت تحدثنا احدا المُحَاضِرات تقول ان البعض ممكن يشوف البنطلون ممنوع للبنت والبعض يقول لا مش ممنوع

كل له تبريراته

لكن لحد هنا ممكن اكون خلصت فكرة ايه هو الخير وايه الشر وناقشتك هل علم السيطرة في الفكر خير ولا شر

1.السيطرة في الفكر في العلاج النفسي

يبقي لازم تفهم ان الناس ايوه حابة تستفاد منك بس ده لا يعني ضرك انت ممكن تكسب وهم يكسبو عادي وده ال قام عليه منظور العلم الاخلاقي

انا يوه هسيطر علي عقل حد لكن ليس لاني عاوز استعبده

انا ممكن اكون دكتور نفساني وبعالج مريض مقتنع انه اتين شويه زي مرضي انفصام الشخصية فانا هنا خير ولا شر..؟

هل انا عشان بسيطر علي عقل شخص وبغير افكاره يبقي انا بضره ..؟

السيطرة علي العقول ليست تلك الافكار الغبية لان توقع ابتسام جارتكم في حبك ولا انك تخلي الناس تعبدك والعياذ بالله ولا غيره

لا ده علم متكامل الاركان هدفه الخير في الاساس

انا ممكن يكون هدفي العلاج النفسي وممكن يكون هدفي تغير الجهل بالعلم والافكار الهدامة بالبنائة وغيره وغيره

1.المنظور الاخلاقي لاهداف العلم

انا ممكن اكون شايف دولة فيها حرب اهلية وانا دولة مجاورة ليس هدفي من فرض السيطرة الفكرية اني اضر حد لا انا ممكن عادي يكون هدفي الاساسي ذي ما قولنا حماية النفس فانا بدخل فرض السيطرة الفكرية علي الشعب.. يبطل حرب اهلية ويقلل مهاجرين ليا وتصبح دولة منتجة وحدودي امنة وهم في اثناء انصياعهم لتوجهاتي الفكرية بينعمو بالاستقرار

وانا هنا ببقي مهتم برافاهيتم مش عشان حبا فيهم طبعا بس هنا انا سيطرت علي عقول بشر لخدمة مصالحي وده كان من خلال اني اخليهم يعيشو حياة اصلا ما كانوش يحلمو بيها ايوه انا استفدت بامن علي حدودي لكن ده ما يمنعش انهم بقو في حياة احسن

وهنا تظهر نقطة خلاف لان الخير والشر في حد ذاته كل واحد بيعرفهم في تقديره الشخصي يعني في المثال ال فات ده هيطلع صوت من الكهوف يقولك لا ....ان حرية الناس اهم من حياتهم ...اكيد انت مكدب الصوت ده بس علي اي حال

انت وانا واحنا بنتكلم وبنتعلم وبندرس علم السيطرة هدفنا خدم انفسنا من خلال احيانا خدم الاخرين لمنع الاخرين من ان يهددو مصالحنا الشخصية او يصبحو عالة

مثلنا كمثل قوم رفضوا ان يعطوك السمك و علموك الناس كيف يصتاد انا هنا منعت غيري انه يعتمد عليا في تدبير الغذاء وخليته يجيب بنفسه فحياته اتحسنت وحياتي انا كمان اتحسنت لان مبقتش مضطر اصطاد لينا وليهم

مع ملاحظة تناقضية ان احيانا بيكون الزام الاخر بالاعتماد عليك خير

زي مثلا انك تكون بتصدر اكل لدولة تانية عشان تضمن ان غذائهم بيروح من عندك وبكده تضمن انهم ما يقرروش يحاربوك لانهم هيقطعو برزقهم لو عملو كده لانهم معتمدين عليك

انا اتكلمت كتير علي فكرة السيطرة المجتمعية لكن في الكتاب ده هوضح ازاي السيطرة علي العقول بشكل فردي ممكن تكون خير.

في الجزء ال فات اتكلمت معاك ان علم السيطرة هدفه الاساسي خير مش شر زي مانت ظنيت في الاول واد ايه ممكن يكون ليه اهداف انسانية كتيرة لكن النقطة الجوهرية هو ايه لخير واية الشر ال احنا اصلا بنحكم بيهم الخير والشر مصطلحين بنستخدمهم كتير للدلالة علي ما يفيدنا بالخير وما يضرنا بالشر

فمثلا الناس بتشوف ن الفلوس الكتيرة الحلال خير وان الفقر وقلة الحيلة شر

1.احمي نفسك اولا

علي الرغم من ان عنوان الكتاب قد يكون دعوة واضحة للسيطرة علي عقول الاخرين, الا انه الهدف الاول منه هو رقم واحد حماية عقلك الا تكون فريسة سهلك هذا لشرء يوجهك هذا لشرء منتجه, وهذا يوجهك لخدمته ,وهذا يتلاعب بافكارك لتزيد من ارباح شركته

قف وفكر واجعل قراراتك صادرة بكل عفوية من داخلك لا تكن كالدمية في يد احد

14. سيكولوجية الاختلاف

طيب سؤال هو الاختلاف بين الناس في الالوان والاطوال والاديان وغيره خير ولا شر

مش هجاوبك بصراحة عشان انا ممكن ماعرفش... بس خد بالك ان لما بتتشابه حاجتنا بنتعب يعني في المثال بتاع نسمة لما كانو اتنين بيحبوها هنا يفضلو يتخانقو وفي الاخر واحد يقتل التاني عشانها يبقي واحد فقد حياته والتاني بقي قاتل لانهم ليهم نفس الحاجة

شوفت بقا ان اختلافنا نعمة يبقي علي هذا اختلافنا خير بس لما نكون مختلفين في الراي انا شايف ان السمك روح حية وحرام ناكله لاننا يا حرام بنقتله وانت شايف ان كل حاجة مُسخرة للانسان وبالتالي الانسان يحقله انهاء حياة السمكة في سبيل استمرار حياته

وانت تقوم عامل هجمات علي اسواق السمك بحجة انها شر لانها مش بتحترم حياة السمك وانا الاقيك في هجومك علي الاسواق في ناس اتاذت فاشوف انك شر واشوف انك ممكن تاذي الناس في هجومك فاوصفك بالار هاب

الموضوع فعلا معقد فكل واحد بيشوف الدنيا من منظوره وبيشوف الشيء من ناحيته ...ورغم ان حوار السمك مثلا مفيش خلاف كبير عليه لان اغلب الاديان بتحلل اكل السمك وا اقلية بس هي ال شايفة راي ان السمك يا حرام مينفعش ننهي حياته عشا نعيش

15.راي الاغلبية

بس بتظهر هنا برده مشكلة

هل عشان الاغلبية شايفة حاجة تبقي صح ....؟

هل قرار الاغلبية هو الخير وقرار الاقلية هو الشر .....؟

هلل معني اني شايف الحاجة دي وغيري شايف غيرها ده في حد ذاته مشكلة ...؟

الحقيقة لو تخيلنا رقم خمسة الانجليزي علي لوح زجاج كل واحد شايفه من جنب انا هشوفه خمسة وانت من جانب التاني تشوفه اتنين عادي كل واحد فينا اصح من نحيته

اذا فكوني علي صواب ليس بالضرورة انت علي خطاء وكوني خيرا ليس بالضرورة ان من يخالفني الراي علي شر

بل ان هناك الكثير من المنتقدات التي قد تظهر تضاد فيما بينهم رغم انهم دائما اصدقاء واصحاب

16. المتضادات

الخير والشر ربما يكونو احبة وربما يكونو من نفس المصدر

من الذي ارسل الانبياء ...؟

ومن الذي خلق ابليس..؟

بالحق هل ابليس خيرا ام شر...؟ ربما هو مخلوق ربنا خلقه لغاية معينة

لذلك في المرة الجاية لما تسمع لفظ ولد وبنت ..ذكر وانثي ...ابيض واسود .. خير وشر

لا تتسرع في ان تقول انهم تضاد لكن افهم جيدا ان المتضادات دائما تنجذب مثل اقطاب المغانط وكذلك الرجل والست والخير والشر كلا منهم مختلط بالاخر وكل منا ينظر فيري ما يفكر فيه ... من هذه الجوانب والمواصفات في نفس الشيء

كما اخبرني احد الدكاترة

هي علاقات معقدة بحث الكثيرين في جوهرها لكن ليست محل دراستنا في هذا العلم فنحن ندرس الظواهر ونستخدمها دون ان نظر حقيقة كيف تكونت منذ كانت والعدم سواء ...انا انظر ان الشخص احلل افكاره واستنتج الارتباط بين افعالنا وردود افعاله وافعل مايثير افعاله التي اريدها ان تحدث دون ان انظر...

لماذا مثلا لما كنت بتتاوب ال امامي تتاوب زيي...؟

هي كي لا نخرج عن موضوعنا في هذا الفصل عن منظور العلم من ناحية اخلاقية لا يمكننا القول انه اصله الضرر بل اصله الخير للنفس وربما الخير للعامة وهذا كما قلنا من منظور الكاتب ربما تتفق او يختلف غيرك الامر مرتبط بكثير من الامور لكن لكي لا ننسي

17 لحظة التحول الفكري الجزري

الانسان احيانا بل كثيرا بل ربما دائما لما بيعمل الشر او يفكر فيه ......

بيكون ده في سبيل سد حاجته الانسانية بشكل او باخر

بص انا هنا حابب اقولك انك هتتغير مش عشان انا عاوز اغيرك

بل لان اهدافك هتعلي وطموحاتك مش هيكون ليها سقف لانك هتكتشف قدراتك الحقيقية وتعرف ان كان عندك قوة كامنة مكنتش عارفها من الاخر كده هتعرف تدير اصولك الغير مستغلة

يعني ببساطة كده انا هناقشك اذاي تقدر تقنع مدير بنك انه يديك قرض (رغم اني مش بحب القروض)بس اكيد يعني مش هتبقي فاضيل تدور علي نسمة وتتواصل مع علياء وتحاول تقنع امنية او تجري ورء حسناء وانت كمان اهدافك هتكبر يعني مش هيبقي كل هدفك اي شخص يجي يتقدم والسلام

مش من باب الاستغناء ولا الانعزال خالص ....! بس الموضوع شبه واحد ماسك عدة(تليفون)الف ميه واتناشر وجاله ايفون 66 برو ماكس

تفتكر هيقعد يفكر في ال 1112 ....؟

لو ايوه متكملش الكتاب

يعني هبسطهالك انت لما يكون عندك شركات واموال وراس مالك بيكسب هتفكر في انك تسرق واحد كل ل حيلته 50 جنيه اذاي...؟

الموضوع ببساطة لما يتاح ليك امكانيات هايلة من خلال مبادي السيطرة في الفكر المعاصر فمش هتحتاج تضر حد بل بالعكس انت هتكون مهتم بمكسبك اكتر من خسارة الاخرين ومش بس كده لا انت كمان هتهتم بمكسب لاخرين لان ده في حد ذته مكسب ليك بشكل هتفهمه قدام شويه

وبالتالي سقف حبك للخير هيعلي ووقتك ال كنت بتقضيه تبحث في صفحة شخص او تحسده او او الخ هيقل لان تركيزك هيكون علي اهدافك

18. خاتمة

بس مكلمتكش في موضوع انك هتتغير بعد ما تقرا الكتاب وان رغبتك في الشر اصلا هتنقص جدا لان ببساطة هتطلع من دايرة الفشل

ومتقلقش الموضوع مش مرتبط بجو هرك واصلك وفصلك انت بعد ما تخلص الكتاب ده عمرك ما هتهتم اي حاجة متفدش الناس او تفيدك وده وعد لاني بجانب الفصل الاخلاقي ده فانا تعمدت في باقي الفصول اعطيك امثلة من الخير في الخير فيكون كل تفكيرك ازاي استفاد وليس اذاي اخلي فلان يخسر وفلانة ال رفضتني لما اتقدمتلها او عملت مشكلة ما معايا تعنس..؟

وازاي اعطل ترقية زميلتي ال معايا وغيره

هدفك هيكون خدمتك وبس لانك هتتعلم ازاي تعمل ال انت عاوزه من غيير ضرر رغم اني عارف ومتاكد انك لما مسكت بالكتاب وقريت اسمه بنسبة كبيرة كان ده هدفك وكان الشر غايتك...؟ وبدات ساعتها تفتكر كل شخص اذاك وكل حد كنت نفسك تنتقم منه

هل انت جاهز لتسير معي في تلك الرحلة الي الخير من منظور الكاتب لنتناقش خلالها ما هي اساليب واسترتيجيات السيطرة علي العقول وكيف يتم استخدامها ومتي ومع من ؟

هيا بنا يا عزيزي ويا عزيزتي لنخوض في اعماق علم السيطرة علي العقول في رحاب كتاب مبادئ السيطرة في الفكر المعاصر بنظرته المتعمقة في فهم السلوك وتوجيه الفعل ومن جهاذك هذا او كتابك المطبوع لست ادري

الفصل الثاني : مراحل تطور العقل والفكر البشري

1.مقدمة للفصل

في الفصل ده وقبل ما نخش في فكرة ازاي بتم عملية السيطرة علي العقول كان لازم نفهم الاول العقل البشري في اطار مبادئ السيطرة في الفكر بيتطور ازاي ونشوف بين قوسين كده ثغرات الافكار الانسانية وازاي بتم عملية السيطرة علي العقول وتوجيهها من خلال تلك الثغرات او زرع افكار صغيرة جدا وكمان نشوف مراحل تطور العقل البشري الخمسة من وجهة نظر الكاتب في اطار السيطرة علي العقول رغم ان الكاتب عارف ان الاف من الكتب كتبت في مجال تطور العقول البشرية الا ان في هذا الكتاب ولانه بيناقش فكرة جديدة لفظا وقديمة استخداما كان لازم نضع النقاط علي الحروف ونشوف الخطوط العريضة من تطور افكار الانسان من اول ما بيلاحظ حاجة جديدة لغاية ما بتحول لعقيدة فكرية متكاملة عنده هو علي استعداد تام ليقاتل ويقتل من اجلها وكمان نلقي نظرة علي بعض المشوهات الفكرية ال بتكون قاعدة في عقلك عمالة تحركك في اتجهات معينة من طبقة الوعي او العقل الباطن وانت ولا داريان وهي نفسها ال لو فهمتها هتقدر تزرعها في عقل ما ومن خلالها بتم عملية توجيه الشخص مع ملاحظة اني زي ما قولتلك في المقدمة فهم هذا الكتاب لن يكون الا بانك تقرا الكتاب بنفس ترتيبه لان كل جزئية فيه مبنية علي ما قبلها,

1.لماذا ....؟

ياتي هذا الفصل في مقدمة الكتاب ليكون القاعدة الاساسية قبل الدخول في المصطلحات العميقة فهو يوضح العديد من الافكار حول العقل لتكون بمثابة دراسة التكوين الجسماني ال بيدرسه طالب الطب اول ما يدخل الكلية عشان يكون عارف هو هيدرس ايه وفين ويكون عنده فكرة كاملة عن جسم الانسان هنا برده انا بوضحلك مراحل التطور العقلي والفكري قبل ما اكلمك عن ترويض العقول والقاذفات الفكرية وغيرها فهذا الفصل يهدف الي تمكين القاريء من فهم المراحل المختلفة من التفكير الانساني وكذلك المصطلحات الكبري الخاصة بالتفكير والعقل والعاطفة وغيرها وتعريف القاريء بماهية الكتاب وطرق وافكار واهداف المنهج العلمي لمبادئ السيطرة في الفكر المعاصر بشكل سطحي ليكون علي دراية بمحتوي الكتاب وكمان يزيل الافكار المغلوطة ال عنده ال تكونت لما راي عنوان الكتاب والتعرف علي التشوهات الفكرية ومن انت وكيف تكون عقلك وافكارك فلا يمكن لانسان ان يذهب لتوجيه عقل الاخرين و هو لا يعرف من وما وكيف يتم توجيه عقله لذلك اخي القاريء لا تكن غبيا ومتستعجلش بالانتقال الي اخر صفحة في الكتاب والتنقل بين العناوين الفرعية بل لابد من التدرج

وبلاش الاستنتاج ال من غير اكمال قراءة مش معني انك قرات كلمتين في اول الكتاب وفهمتهم تبقي كلام كل الكتاب انت عارفه ....

1.تعريف

مراحل تطور العقل والفكر هي تلك الخطوات الواضحة التي ينتقل بها الانسان من ملاحظة امر ما الي تحويله الي فكرة وعقيدة راسخة في فكره والايمان وبها والدفاع عنها والبناء عليها او القياس اليها عندما يتعرض لملحوظة اخري وهي عند الكاتب تتكون من مراحل خمسة تبدا بالملاحظة ثم السؤال وهنا السؤال يكون للافكار والملاحظات السابقة التي لديك في عقلك وكذا الامر السؤال للاخرين لمعرفة افكارهم ومعلوماتهم عن تلك الملاحظة ومن ثم التجربة التي يحاول بها الانسان التاكد من صحة المعلومات لديه ثم في النقطة الرابعة بعد الملاحظة والسؤال والتجربة تاتي مرحلة الشك في الافكار التي لدي والنظر اليها بعين الشك يجعلها محل تحليل عميق وبحث عن مصدرها وسببها والسؤال

لماذا ومن ثم امام تلك المعلومات طريقين اما ان تتحول الملاحظاته الي هراء ويتم قذفه خارج العقل ورفضه او الايمان به وتحويله الي عقيدة فكرية متكاملة يمكن القياس عليها , وتمر تلك المراحل علي اي ملحوظة يتلقاها الانسان مع ايضاح فكرة ان تلك الملحوظة ربما كانت من حاسة السمع او البصر او اي حاسة وسيتم ايضاح تلك المراحل بالتفاصيل فيما هو ات عزيزي و عزيزتي .....

1.من اي المناظير

ربما تسال نفسك الان انا قريت الاف من الافكار وفكرت بنفسي ويمكن كمان عندك معتقداتك الخاصة ال من خلالها عملية التفكير و التطور الفكري بيختلف عن شكل وترتيب تلك المراحل وده طبيعي وانا عارفه كويس عشان كده حبيت انوه ان التقسيمة دي بناء علي ما سيتم خلال الكتاب من ايضاح ومن منظور مبادئ السيطرة في الفكر ومن منظور كيف تدير عقولا اخري او تتحكم في عقلك ولذلك ربما تم تقليل او تكثير او حتي تجاهل بعض المراحل الفكرية الاخري نظرا لعدم اهميتها في اطار هذا الكتاب

1.المرحلة الاولي الملاحظة

في هذه المرحلة يلاحظ الانسان شيء غريبا قد يكون صوت الاشخاص المحيطين به عند الاستيقاظ من النوم او او خطأ ما ارتكبه احد اصدقاءك في حقك او حتي صوت المحيطين بك في اثناء الولادة وقد يكون في شكل ملاحظة هوء بارد او شيء ما يمشي علي قدمك ربما طعما مر في فمك او حتي رائحة شياط طعام ما علي النار ,في هذه المرحلة تعمل الحواس الخمسة السمع والبصر والشم والاحساس والتذوق علي استقبال تلك المعلومات من الحواس بتجاهل ,وتأمل لمصدر ها وسببها وحقيقتها وصدقها اقصد هذا في مرحلة الملاحظة ففي الملاحظة لا يهم ان كانت الملاحظة حقيقية ام لا فقط ماهية هذا الملاحظة وماذا تقول فلربما يري بعض المرضي هلاوس سمعية وبصرية وغير ها وفي هذه المرحلة يبدا الانسان في اخذ تلك المعلومات من مصدر الحواس وتخزينها في الذاكرة المؤقتة ومن ثم الانتقال الي لمرحلة الثانية وهي السؤال للنفس وللاخرين

1.المرحلة الثانية التعلم من الاخرين

في مرحلة السؤال او التعلم من الاخرين لا اقصد بالاخرين فقط من هم حولك وخارجك بل ايضا الافكار الاخري لديك والتي تم اجراء نفس العمليات عليها مسبقا ومن ثم البدا في انشاء الاسئلة لتوجيهها لمعلوماتك السابقة ومعلومات الاشخاص الاخرين ايضا

ربما الامر اشبه برؤيتك مصطلح غريبا في كتاب انت تقراه و هذا المصطلح بلغة غير مفهومة تماما لك ماذا تفعل الان ؟ كل ما اتوقع ان تفعله انك اما ان تسأل نفسك يعني ايه الكلمة دي انا اول مرة اشوفها وممكن تكون شخص سريع الاجراء وتفتح قاموس ورقي للغة وتدور علي المعلومة واحيانا بتكون شخص عصري وبتفتح التليفون وتكتب علي جوجل معني الكلمة دي ايه ولو قاعد مع حد ممكن تساله الكلمة دي ايه المهم انك هنا بتنقل من مرحلة اخذ المعلومة من ملاحظتك الشخصية و عرضها علي معلوماتك السابقة ولو ملقتهاش ليها اي وجود او تفسير في عقلك البشري بتلجئ هنا لما لدي لاخرين

الاخرين هذا قد يكون جوجل او بينج او غيرهم من المتصفحات وقد يكون شخص اخر معك وقد يكون كتاب تقرأ فيه عن المعلومة او ما لاحظت وبحسب شكل تلك المعلومة التي لاحظتها تتم عملية التعلم او السؤال

فمثلا ان لاحظت ان الطبق الذي بيدك ساخنا فهنا سيكون الاجراء بسيط ودون اي مدة ماخوذة ستكون المعلومة الي الحبل الشوكي حيث مصدر الردود السريعة للافعال و حينها سيتم عملية انقباض عضلي سريع تجعلك تفلت ما بيدك من طبق ساخن

ربما يكون الطبق ابرد قليل وليس بخطر عليك ان تذهب لمكان قريب وتنزله من يدك و هنا يكون السؤال لمعلوماتك السابقة اين يمكنني وضع الطبق وببساطة سيتم وضع الطبق وتنتهي المشكلة

لكن ماذا لو وجد طفلا حشرة او شيء غريب هنا لاول لحظة عند رؤيته هيخاف وهيرجع ورا و هيفكر هل هو شاف الحاجة دي قبل كده او اي معلومات عنها برده لا هنا بيبدا التعلم او السؤال مين في البيت وبيروح وبيسال عن ما رأه لمعرفة ما يجب فعله اي ان مرحلة التعلم و السؤال و التي تتبع الملاحظة هي في حد ذاتها خطوات تبدا بالاشارات العصبية في الحبل الشوكي لما مبيكنش في وقت او بسؤال معلوماتك السابقة لما بيكون الامر اقل خطورة او بسؤال الاخرين من بشر وريبوتات وكتب في حالة لم تكن لديك معلومة و هنا انت بتعتمد علي معلومة لدي الاخرين انت بتسال وبتشوف هتعمل ايه ...؟

1.المرحلة الثالثة التجربة

و هنا بعد الملاحظة و السؤال او التعلم من الاخرين بيجي تالت حاجة التجربة ودي بتكون اعمق و افضل طريقة اخد بيها المعلومة رغم انها مكلفة جدا فاكر لما الولد شاف حيوان او كائن او حتي حشرة غريبة اول مرة يشوفها وبدا يسال عنها ؟ هو ده بالضبط, اهو دلوقت بعد ما ممكن يكون سأل او لا بدات عنده غريزة التجربة اه والله والغريزة دي بتظهر من اول ما الطفل يتولد

انت ممكن تقعد تقول لابنك يا حبيبي متضربش القطة عشان هتخربشك و ما تقربش من النار عشان هتلسعك او ان دكتور الجامعة ما حدش يكب كلور علي ايده عشان دي مادة كاوية او تقرا سنين عن حاجة معينة بس برده دي حاجة جديدة انا مشفتهاش قبل كده ومعنديش اي معلومة عنها ايه ال يضمنني ان المعلومات ال اتقالتلي دي مش غلط وليه ما جربش و هنا بتبدا فكرة التجريب ال زي ما قولنا مكلفة بس بالمقارنة للتعلم من الاخرين بتكون معلوماتها اكثر موثقية جدا لان انت زي ما بيقولو شوفت بعينك ما حدش قالك

يعني الطفل مثلا ال عرف ان النار بتلسع مرة واتنين راح وجرب واتلسع و الطفل ال بتقوله ان الفلفل بيحرق ما تكلهوش وبيصمم يجرب و الطفل ال شاف الحشرة دي و عرفته انها مؤذية وقرر يتاكد ويلعب معاها و عضته او لسعته و البنت ال امها قعدت تقولها متصدقيش ان كذا وصممت تجرب و عرفت النتيجة

التجربة بترجعنا تاني لاول خطوات التفكير وهي الملاحظة لانك لما جربت شوفت حاجات بحواسك انت والمعلومات دي بترجع تسال نفسك هل ده حصل ...؟ اه... طب تسال الناس وتقولهم ال حصل معايا فممكن يكونو نفس الناس ال وجهوك وياكدو تاني او يكونو ناس تانيين ويعرفوك وياكدو عليك المعلومة وممكن ما تكونش محتاج تسال حد لانك اتأكدت من المعلومة بنفسك زي مثال النار... الاب والام ....النار بتلسع الطفل.. بيجرب.... اتلسع يبقي اذا معلوماتهم صح و هنا بتنتقل المعلومة للعقل الواعي تاني ثم الي اعلي طبقات العقل الاواعي انا عرفت اه ان النار بتلسع وان الفلفل حراق بس لازال ده مش كفاية اخد المعلومة دي كمعلومة مقدسة و احفظها في اعماق وجداني زي ما بيقولو لسا عندي شكوك ...

1.المرحلة الرابعة الشك

تأتي مرحلة الشك ليسأل الانسان نفسه سؤالا اكثر عمقا و اسئلة اكثر جوهرية مثل ما وصلت اليه من معلومات صحيح هل فعلا النار تلسع بالتاكيد نعم لقد جربتها اذا فكيف انتقلت تلك الحرارة الي ...؟ هل ما تراه عيني صواب ...؟ نعم انا رأيت الشيء بنفسي ...

اذا فما هي الهلاوس السمعية والبصرية وكيف اصلا تتكون الصورة التي اراها هل ما توصلت اليه من معلومات بعد تجربة معملية و اضحة كان صحيحا...؟

نعم انا جربت واخدت احتياطاتي من كل الحاجات ال ممكن تاثر علي نتيجة التجربة

طيب و هل انت اصلا تعرف كل ما يمكن ان يوثر بالتجربة ...؟

اسئلة من هذا القبيل قد تحركك في اتجاهين اساسيين اما ان تتخلص من المعلومة وتصبح هباءا منثورا او تكون معلومة جوهرية في عقلك و عليه تؤمن بها كما ستنتقل عليه في مرحلة اليقين لكن هذا وقبل ان تصل لليقين ربما يصل الانسان الي مرحلة غريبة من التوهان والالحاد و لا اتحدث عن الالحاد فقط كمفهوم الاصطلاحي له بعدم وجود اله بل بالمفهوم الكامل له بانكار معلومة حقيقية اخري

يصل الانسان الي تلك الاسئلة العميقة و هي خطوة اساسية ليصل الي الايمان العميق ولكن قد لا يصل لماذا ..؟

اتذكرون الخطوات الاساسية للفكر...؟ ملاحظة ثم ماذا..؟ ثم سؤال ثم ماذا..؟ ثم تجربة ثم ماذا..؟ ثم شك ماذا عن الشك نفسه ...؟

انا الان اصبحت اشك في معلوماتي و انظر اليها باحتمالية انها ليست صواب

لكن الامر قد يحصل مع الشك نفسه و هنا ما يسمي بالشك المركب او الشك في عملية الشك نفسها

في الاول كان شكي في معلوماتي ونتايج التجارب ال عملتها لكن دلوقتي انا بقيت بشك في الشك نفسه وبقيت بسأل نفسي هو انا لازم اشك في معلوماتي وقدراتي و امكانياتي...؟ طب ازاي....؟ مانا ال شفت وانا ال لاحظت النتيجة .....! في المعمل وانا ال استنتجت ....اذا انا قادر بحواسي اوصل للنتايج كلها ما دمت انا عدي حواس انا اذا ممكن الاحظ واحلل واوصل للمعلومة

طب وبالنسبة للمعلومات ال مقدرتش توصلها دلوقتي...؟

ومالو يا سيدي انا موصلتلهاش اذا انا ممكن بس ما اخدتش بالي من حاجة معينة لكن العلماء والمفكرين غير مكن يوصلولها عادي ايه المشكلة يعني هو انا يعني عشان مقدرتش افهم ازاي بيتوجد الشيء من العدم بقي ده لايمكن يحصل ...؟! لا ...لا...

ممكن يحصل حتي لو انا ما فهمتش ازاي بس غيري هيقدر عادي في الفترة الجاية ودي اسوء مراحل التفكير رغم انها ضرورية اقصد الشك نفسه لكن الشك المركب قد يقود الانسان لما لا تحمد عقباه....

فاحيانا حين تفهم مثلا كيف يري الانسان الاشياء يمكنك فهم انه ممكن لغبطة شوية مواد كيماوية في المخ تخليه يشوف حاجات غير مجودة واكبر دليل علي كده لما واحد بياخد بنية في عينه بيشوف كل الالوان وضوء عالي رغم ان ده محصلش لكن زبزبة وحركة المواد الكيماوية داخل العين باثر الصدمة بتخليك تشوف حاجات مش موجودة ونفسه في المرضي او مدمنين بعض المواد لما بيحسو بشيء ماشي علي جلدهم الفكرة كلها ان الطريقة ال الحواس بتعتك بتقرا بيها المعلومات طريقة كيماوية بحتي لما بيحصل فيها لغبطة بتشوف وتحس وتسمع حاجا مش موجودة.. فالحواس لوحدها ممكن ما تكونش ال بتدينا المعلومات الصح ميه الميه

طب بس دي مصيبة ...!

الحمد لله ان ده بيحصل في نطاق صغير جدا من الحواس مش دايما

لكن الفكرة الاعمق و السؤال الاعمق ال زي هل العقل البشري يقدر يفهم كل حاجة ...؟

هل هو ذكي ليقدر علي فهم كل شيء ..؟

الحقيقة المرة ...ان العقل البشري مهيء بشكل معين انه يفهم العلاقة بين الموجودات بس لكن اللا موجودات الموضوع بيكون صعب ,يعني هو يقدر يفهم ازاي بيتحول الحديد لسايل وازاي الست بتولد وازاي الجازبية بتثبت الحاجة علي الارض لكن اسئلة من نوع ازاي اللا موجود بقي موجود ..؟ وازاي بدا الخلق ...؟

والنوع ده من الصعب علي عقولنا تفهمه لان ببساطة عقولنا موجودة عشان تفهم حاجة واحدة وهي علاقة الموجودات بالموجودات فقط

يبقي انت بتلاحظ وبتسال او بتتعلم من الاخرين وبتجرب وبتشك في معلوماتك وبعدين ؟ ماذا بعد ...؟

1. المرحلة الخامسة اليقين والايمان

هنا الانسان بعد صراع طويل في مرحلة الشك بيبدا يواجه او يقرر الحقيقة الواضحة انه الانسان نفسه ورغم كل قدراته الكبيرة دي الا انه محدود الامكانيات ...,عقله ميقدرش يفسر حاجت زي اللاموجودات من الموجودات والخلق و ليه الست دي خلفت ذكر..؟ ودي خلفت انثي ...؟

مع انه يقدر مثلا يفصل الامشاج الموجودة والحيوانات المنوية الاكس والواي عشان يخصب بويضة لانتاج زيجوت لذكراو لانثي لكن هذا ذي ما قولنا انه موجودات الزيجوت موجود والحيوان المنوي موجود

هنا الانسان في نهاية مرحلة الشك ممكن يخلينا ناخد اتجاه الكفر والالحاد وان الانسان يقدر يعمل كل حاجة وا الارض نتجت من الانفجار العظيم شوفت هو افترض كان في حاجة وانفجرت لكن م يقدرش يفكر في ايجاد شيء من اللا وجود او انه ياخد الطريق ال اغلبنا بياخده وهو طريق الايمان بان الانسان قدراته محدودة والعقل قدراته محدودة وهو مهيء لفهم اشياء معينة هي تحول الموجودات الي الموجودات او ما يعرف بالاسباب طيب ده في الاسئلة العميقة انما في الاسئلة العادية التانية والاقل عمقا غالبا الانسان بينتقل من الشك دون المرور بالشك المركب لانه مش محتاج يعمل ده يعني انت في المعمل لما تضيف صوديوم في ماية وينفجر ممكن تشك وتجرب وتجرب تاني لكن لموضوع غالبا بينتهي انك خلاص حفظت المعلومة وانتهت ولما تعرف مثلا عن سر سقرات العظيم في البيع وتقوم اول ما يدخلك زبون تساله اسئلة وانت متاكد انه هيجاوب بنعم عليها وبعدين يشتري فيشتري فعلا فتؤمن بنظرية سر سقراط العظيم انت بتؤمن بالفكرة بعد التجربة وممكن يكون الشك قليل خصوصا لو التجربة كانت واضحة ولو قولنا ان لديك دوافعك كمان انك تصدق التجربة لان شايف انها هتخدمك في البيع متنساش تبحث عن سر سقراط العظيم ؟؟

1. نظرة شمولية علي مراحل تطور الفكر

اذا عشان بس متتوهش مني ...,الكتاب بيتكلم عن مبادئ السيطرة في الفكر المعاصر وقبل ما نشرح ده كان لازم نوضح طريقة تطور الفكر البشري نفسه وازاي الانسان بيحول الفكرة من مجرد ملاحظة لفكرة متأصلة في جوهره وعقله يمكن العودة اليها لقياس المعلومات الجديدة وشوفنا انه بيلاحظ وبعدين يسال بيبدا بسؤال حبله الشوكي للقرارات السريعة ثم سؤال نفسه ثم سؤال من حوله من كتب واشخاص او حتي ربوتات ثم يجرب بنفسه ليتاكد ثم يشك في ما توصل اليه ,ثم ربما يتحول الشك العاي الي شك مركب يقوده الي لالحاد او يحوله الشك الي يقين وايمان بقدراته وافكاره وانه يمكنه السؤال والتفكير لكن في اطار معرفي من تحول الموجودات الي موجودات ور أينا كيف يمكن للشك المركب ان يقود الانسان الي ما لا يحمد عقباه من الانغماس في الشك في القدرات والتطرف الي اسئلة لم يعد العقل لها وقد لا تفيد احيانا كما يقال علم لا ينفع

1.محاولة فهم ما لم يهيا العقل البشري لفهمه

نوهت ولمحت في السابق لقدرات الانسان المحدودة ونظام تفكيره الذي رغم تعقيده فهو مخلوق لمهمة معينة ربما لا ترتقي لان يسال هذه الاسئلة العميقة وربما لكي ينظر فيجد نفسه رغم علمه الواسع لا يفهم تلك المعلومات فيعود ادراجه ويؤمن بان للكون خالق ومدبر وانه لابد لواجد يمكنه ايجاد اللا موجود بعكس قدرات البشر ...!

لكن احيانا ينغمس الانسان في اسئلة قد لا تفيده

ودعني اقف معك هنا حول نقطة لا يفيده دي لان مفيش الحقيقة حاجة لا تفيد تماما او لا تفيد تماما فلكل شيء عيبه وميزته لكن لنقل فوائده لا تضاهي وقته والتفكير فيه

الانسان بطبيعة الحال لديه وقت محدود نفس الاربعة و عشرين ساعة ونفس ال 365 يوم وربع ونفس ال100 ولا ال 150 سنة بالكتير قوي بيكون قدامه الاف وملاييين من الحاجات ال عاوز يعملها وبيكون عليه انه يفكر ..

يفكر ازاي يعملها والاهم ليه يعملها وخلال تلك الرحلة من التفكير فيه ازاي ..؟وليه..؟ بيكون امامه اسئلة واضحة زي انا بوصل الشغل متاخر ليه ويقعد يجاوب بقي اصل انا بنام متاخر لان حد رن عليا لان نسيت اسيبله كذا لان ..لان.. لغاية ما بيوصل لسبب جزري للمشكلة ال بتعيقه عن تحقيق الهدف ده وبيبدا يحلها

لكنه احيانا بدلا من ان ينتهي عند ان لماذا الخامسة يظل يسال اكثر فاكثر زي مثلا في المثال السابق ال هو طيب انا نسيت اعطيله حاجة طيب نسيت ليه طيب كذا ويدخل في تفاصيل عميقة تنسيه اصلا هو كان هدفه الاساسي ايه هو انت فاكر انا كنت بكتب عن ايه...؟ ايوه عن محاولة فهك ما لم يعد العقل البشري لفهمه

عارف انت زي ايه..؟

زي واحد وقع من طيارة بدل ما بيفكر ازاي يستخدم ما لديه من حطام للاستغاسة او الوصول لبر الامان ا ده قاعد يفكر الطيارة وقعت ليه

نفس الامر انت مخلوق وليك قدرات وليك اهداف في الحياة وانت عارفها كويس ومصيبة لو مكنتش عارفها اصلا المهم ان اهدافك دي يمكن تحقيقها من خلال استخدام ما لديك من موارد فبدل ما تقعد تسال هو كوكب الارض نشأ ازاي؟ وانت ليه نسيت ..؟

فكر في ما لديك للوصول لما ليس لديك رغم انه التامل في الوجود كويس زي ما قولتلك ما فيش حاجة في الكون ممكن تكون ملهاش فايدة لكن الفكرة متي يمكن فعل ذلك ..؟

انت عقلك ليه امكانيات رهيبة يا اخي تسيب ده كله وتقعد تعيط علي الحاجات ال انت مش قادر تفهمها ؟ فهمت ..؟

1.من الدين الي اللادين

فاكر الشك ال شوفته في مراجل تطور العقل البشري والفكر بص هو حاجة مهمة جدا عشان تنضف المعلومات ال عندك من المعلومات المضللة والمعلومات المهمة والمؤكدة بس هي ال تفضل عندك بدل ما تزحم دماغك علي الفاضي بمعلومات ملهاش لزمة لكن الشك ده بيكون في ايه تفتكر مثلا من المنطقي انك تشك انك موجود ؟ وتفتكر بما ان الانسان موجود وغير واجد ..؟

اليس بمنطقي ان يكون هناك واجد ؟ كلام منطقي ما دام انا موجود ومش عارف جيت ازاي لا صح انا عارف اني اتولدت بس برده ما هي الولادة بتفترض ان لازم في اب وام او حتي لو انت مقطوع من شجرة يا سيدي لازم تكون في شجرة و حتي زي ما بيقولو لو جيت ما شيطاني برضو لازم يكون في شيطان ما هو احنا منفهمش غير انه جينا من حاج

كانت موجودة ومدام ده حدود تفكيرنا يبقي طبيعي نفكر في قوة خارقة اقوي منا هي ال اوجدتنا مهو مفيش تفسير تاني ....!

بس الحقيقة ان عكس الكلام ده هو ال بيحصل وان الانسان غالبا بيتولد وبيتقله انك مخلوق وكل دين حسب ما بيعرفو الطفل ازاي بوجود ربنا انه بيعرف ان في ربنا وان ربنا خلقه وان هو ليه قدرات وكلام من ده.. وبعدين بيجي الشك .....

طب الشك حلو ولا وحش

ما قولنا بقي انت هتشك في ايه هتشك في كلام حد ولا في اسئلة من النوع ده ال هو كيف بدا الخلق وهنا الانسان تفكيره بيكون عامل زي السحابة انت في نقطة ما والكل من الافكار مبني عليها يعني انت امنت بالله وفي ربنا خلاص يبقي في خالق وانا مخلوق وحولينا ان انا مخلوق وفي خالق بتتبلور باقي الافكار كلها طيب لو بدات تشك في ان في خالق خلاص السحابة مبتقاش في نقطة تمحور فيها...

ما اصلا كل حاجة في دماغك مبنية علي الفكرة دي... هنا بتتحول من الدين الي اللا دين وهنا الانسان للعلم بالشيء بيكون مر بالمراحل الفكرية السابقة الاربعة

عشان كده متستغربش ان ملحد مثلا يطلع القمر او يعمل حاجها.. هو بيفكر لكن افكاره فقدت نقطة الارتكاز وكمان ممكن يكون الملحد ده اكتر حد ابداعا اصله كل حاجة عنده ملهاش حدود عايم بافكاره كانه بيسبح في الفضاء ....

1.مجتمع العقل والقلب والفكر

لما بنتكلم عن تطور الفكر الانساني وازاي الانسان منا بينقل الفكرة من الملاحظة المجردة لمعلومة يؤمن بيها ويدافع عنها ,مينفعش نتجاهل تلك الكلمة العميقة الا وهي العاطفة ورغم اني لست علي علم بمكان التفكير ومكان العاطفة الا اني علي ايمان كامل ان العاطفة موجودة والقلب موجود والعقل موجود وانا حقيقة لا اهتم باي من القلب والعقل يقرر وايهما يحوي العاطفة قدر ان افكر في طريقة تاثير القلب او العاطفة علي الافكار وكيف ان الفكر ليس بمعزل عن القلب والمشاعر وان الانسان ربما يتخذ افكارا لا منطقية احيانا بسبب قلبه لدرجة ان احدهم تحدث ان القلب من ياخذ القرار والعقل من يبرر ويشرح او يضع الاسباب ويفس سبب القرار

احيانا نسمع عن نظريات تقسم العقل لجانبين جانب سلبي وجانب ايجابي وكل منهم حين يفكر في معلومة يقود الي وجهة مختلفة مثلا لو انك استيقظت من النوم ووجدت الوقت متأخر عن العمل ربما تفكر بالجانب السلبي لو رحت المدير هيزعق ولو زعق ..؟ هسيبه وامشي ..؟ولو سبته هيرفدني ولو رفدني .؟... الخ

او تفكر بالجانب الايجابي وتتحدث انا صحيت متاخر ياه اخيرا استريحت ونمت براحتي وتروح وعادي الخ..

لكن يوجد شخص ربما تفكيره اعمق من فكرة الجانب السلبي والايجابي

فهو يقوم متاخر يقوم مسرعا لتجهيز نفسه لو ساله المدير هيعتذر واول ما يروح هيضبط منبه ويشوف هو صحي متاخر ليه

العقل والقلب بيعملو تعاون غريب بينهم في اخذ القرارات وللاسف ده بيكون واحدة من اكبر المشوهات الفكرية فكرة العاطفة وان انا عشان متعود من فلان انه عمل حاجة وحشة مرة خلاص هو علي بعضه وحش عشان واحد منوفي مدفعليش الاجرة مرة يبقي المنايفة بخلة او عشان كذا يبقي كذا وده ال بنقول عليها انك بتتاثر في كل قراراتك بشكل ما عاطفة معينة

ففي المرة الجاية وانت بتاخد قرار فكر هو ده عشان انا متضايق من الشخص ده ..؟ ولا هو القرار بناءا علي اسباب واضحة وانت خدت القرار الاول وبعدين ببرتله و فكرت وبعدين وصلت للقرار

وكمان اعرف ان العاطفة دي ممكن من خلالها توجه شخص يعمل حاجة ضد عقله بس متستعجلش بشويش

1. الذكر والانثي

الواضح ان فيه اختلاف رهيب وواضح في طريقة تفكير الراجل والست الذكر والانثي

فالست عندها الشك اقوي والتركيز في التفاصيل اقوي وحقيقة لا اعرف سبب وجود هذا لكن لاحظت المعلومات خلال الدراسات ال عملتها علي السلوكيات البشرية وال تضمنت اشخاص مصريين في الفترة من 2017 وحتي نهاية 2023 كمان في تجاذب غريب ما بين اجنسين ممكن في بعض القرارات الست تفضل ان ال يقودها راجل او تقود هي راجل في العمل و غالبا الستات لما بيمسكو شغل تنافسي مع بعض بيكون عاطفة وشغل الكيد اكتر من التفكير وده برده من خلال الدراسة لكن الامر الاهم هو ان طريقة تفكير الست مختلفة عن الراجل ..

لكن السؤال قد يكون لماذا طريقة الست مختلفة عن الراجل ..؟هل هي بسبب جيني ولا بسبب البيئة..؟ انا في اطار الكتاب لست مهتما لاني ابحث في السلوك البشري نفسه وكيفية توجيه اما سبب الاختلاف فليس مهمتي

والاختلاف هنا فقط في الطريقة لاني لست ممن يذهبون ويزنون ويشوفو مين ال مخه اكبر مخ الرجل والمراة لكن ما فائدة معرفة ان الرجل يفكر بأختلاف عن المراة وان المراة تفكر بعاطفة اكثر من الرجل وانا كلا الجنسين يميل للتواصل مع الجنس الاخر اكثر من التواصل مع جنسه وما فائدة ان نعرف ان الستات لما بيشتغلو مع بعض بيظهر الكيد بينهم اكتر من شغل الجنسين مع بعض وما فائدة ان نعرف ان الست قلبها سريع الميلان اكتر من الراجل

كما قلت ليس واضح السبب هو تاثير بيئي ام جيني لكن الاهم ان ما يصلح للتعامل مع الرجل لا يصلح للانثي و طريقة توجيه عقل المراة تختلف عن توجيه عقل الرجل هذا كل ما اردت قوله هنا وساوضح في فصل عقل المرأة لاحقا ...

1. التطور التدريجي الطبقي

الفكر بشكل ما بيتطور كل يوم بتكسب فيه معلومة جديدة وتشك في معلومة قديمة وتتخلص من عادة وتعرف علي ناس جديدة وتعرف اهدافك واولوياتك ...فده تطور لفكرك والحاجة التانية ان تطور الفكر غالبا طبقي بيكون يعني مش مرحلة بتنتهي ومرحلة بتبدا ولا بنشيل معلومات عشان نضيف معلومات تانية لكن الغالب ال بيحصل ان المعلومات ال عندي كانت في منطقة ضيقة جدا من العلم لكن لما بدات اعرف اكتر بدات اشوف الصورة كاملة وان المعلومة دي بينها وبين معلومات تانية في الاف من الاميال من الفراغ هنا بفهم ان في معلومات ناقصة انا معرفهاش اول ما الطفل بيعرف ان بعد الواحد اتنين وبعدهم تلاته بيحس انه ملك الدنيا وبعدين يفتكر ان فيه واحد والف ومليون ومليار وغيره وحتي بين الواحد والاتنين فيه ربع ونص وواحد علي 50 مليون وكتير وبيفهم ان معلوماته صغيرة جدا ونفسه لما بيقرا كتاب ولما بيقرا 100 كتاب في الاول انا فاهم كل حاجة وبعدين انا فاهم ايه دا جزا صغير من العلم الفكر لكن ده ما يمنعش ان اول معلومة اخدتها كانت اهم من كل المعلومات ال قبل كده وهي الاساس

التدرج الفكري بيتم خلال الاف من المعلومات المتراكمة بمعرف المعلومة وسببها وتحليلتها وبعدين بعرف انها مبقتش تصلح تستخدم بقي في احدث

وفكرة ان التطور ده طبقي هي ان مراحل تطور الفكر من الملاحظة حتي اليقين مش واحدة بتبدا والتانية بتنتهي لا دا بتكون طبقات انت لاحظت فوق الملاحظة طبقة من السؤال وطبقة من التجربة واحيانا طبقة من الشك وفقها طبقة من اليقين

لما شكيت كان الشك في نتيجة التجربة ولما جربت كان بناء علي المعلومات ال وصلتلها من السؤال ولما سالت كان بسبب ملاحظتك

1. نقاط الضعف في الفكر

زي ما لمحنا قبل كده ان العقل مش هيقدر يفهم كل حاجة لا ده ليه حدود من التفكير في الموجودات و في عاطفة بتاثر عيه ده غير انه بيفكر بناءا علي المعلومات ال عنده بس في حين ان الاف من المعلومات ما يعرفهاش بجانب ان احنا كبشر مش عايش كل واحد منا في منای عن الاخر لا دا انا بفكر واخد قرار وافاجيء ان اليوم ال حددته ده عشان ازور فيه صديق ليه انا عملت حادثة او ان صديق تاني عزمني علي فرحه يعني عشان منبقاش متشامين

انت قاعد بتفكر انك هتذاكر المادة بكرة و اصلا الدكتور بيبلغك ان الامتحان بكرة

انت حاطت خطة و غيرك عامل خطة و اتعارضت الخطط وساعات بيكون للبيئة راي تاني زي الكوارس البيئية ال بتحول في لحظات شخص رايح راكب منطاد وبيتفسح لشخص في عتاد المفقودين او شخص قاعد بيفكر هياكل منين ويلاقي كنز

الفكر الانساني بيبص بس علي ال عنده من معلومات وبيقرر بناءا عليها ويبني عليه .. في حين ان مليارات من المعلومات هو لا يعرفها

وده ال بيدفع الانسان احيانا لتفكير في علوم التنجيم واستشراق المستقبل وحظك اليوم ما هو في قدر كبير من المعلومات هو مش فاهمه

و هنا بيكون ضحية للنصب او الخداع

يعني انت ممكن مثلا تكون فاهم فكرة الارصاد الجوية وسرعة واتجاه الريح فتتوقع عاصفة

لكن انك تتوقع انك هتجوز السنة الجاي عشان نجم الشمس امام كوكب المريخ وكوكب عطارد بيمر بينهم ؟؟ لا ده ال صعب بامانة ...!

وحتي انا وانا بقولك كده حتي لو اقتنعت فده في اطار معلوماتي وممكن يكون جزء كبير من المعلومات انا معرفهاش ..

الجزء المفقود من المعلومات احيانا بيضعف تفكيرنا ويخلينا تايهين هو انا اعرف ايه دانا كائن حي في كون فيه مجرات وكواكب وسنين ضوئية

لكن ده واحد من الاسئلة العميقة ال بنحاول نتجنب شغل العقل بيها .., احنا هنا علي الارض لينا اهداف واضحة وعندنا قدرات والفكرة انك تستخدم ما لديك للوصول لهدفك لا اكتر و لا اقل ولما تحصل ظروف تعدل خطتك مرة تانية من غير ما تنسي هدفك عادي... بناءا علي المعلومات ال توفرت ليك

1. تأثير البيئة في التطور الفكري

البيئة عامل كبير في التاثير علي الفكر الانساني .. الانسان ال عايش في بيئة حروب وزلازل وبركين وكل يوم نص السكان ال يعرفهم بيموتو بيكون ليه هدف بسيط الا وانه يعيش علي عكس الانسان ال عايش في بيئة امنة لحد ما فغالبا هيفكر في صنع طائرات او السفر او الاستكشاف والاستمتاع

الشخص ال شغال في الحدادة و لا النجارة و لا الاعمال الحرفية جسمه بيتكيف مع ده بس مش بس جسمه لا ده كمان فكره و عقله لان تطور عقله بيتم زي ما قولنا بالملاحظة فمن كتر ما كل ملاحظاته بقت مرتبطة بالحرفة

بتعته بقي تفكيره مرتبط بيها يعني الحداد والنجار مثلا لو سألت واحد منهم ازاي نعمل حاجة معينة وسالنا نفس السؤال لمبرمج

تفتكر الاتنين هيفكرو بنفس الطريقة ....؟

يعني لو الاتنين مثلا الحداد او النجار والمبرمج في جانب وسمعو كلمة السستم وقع

تفتكر اي افكار الحداد والنجار وافكار المبرمج عن السستم وقع ..؟

الحرفيين مش هيفهمو ها لكن المبرمج اه دي معناها المشكلة في الشبكة او خطا تقني او كذا مش بس كده.. ده افكار الشخص ال عايش في صحراء عن الماية ممكن تكون جميلة علي عكس الشخص ال عايش في منطقة مستنقعات لما يسمع ماية ويفكر في الزواحف والتماسيح الراكدة في الماء كل واحد فينا بيبص اول ما يبص علي المعلومة بيشوفها من واقع خبراته السابقة وبما ان البيئة اكبر مؤثر علي الخبرات دي فبالتالي البيئة بتاثر في الفكر والمنظور ال بنشوف بيه العالم

1.الحاجة ام الاختراع

حاجة الانسان هي ما يدفعه للعمل والفعل والسلوك غالبا فانت ربما لن تريد الذهاب للعمل لكن لديك اقساط تريد دفعها ولديك صديق مميز في العمل ربما صديقة ولديك زوجة نكدية في المنزل لديك حاجة تريد قضائها تحتاج للمال او شيء ما

ماذا لو ان حاجتك ارتقت من تلك الحاجات الاساسي الي الحاجة لتحقيق الذات .؟ المهم ان لديك حاجة تدفعك للعمل هذه الحاجة احيانا تدفعك للقرار السهل واحيانا تدفعك للابتكار ايضا او الاختراع

هل تعتقد ان الشخص الذي يعيش في الصحراء سيفكر في صنع قارب ..؟

هل تعتقد ان شخص يعيش بالقرب من نهر يفكر في حفر بئر للمياه الجوفية ..؟

وايضا هل تعتقد ان طفل يوفر له والده كل المال يريد ان يعمل ويكسب...؟ ربما ولكن ليس دائما

كما اعرف هناك دوافع مثل الحب والخوف ولكنها ايضا تاتي في اطار سد حاجتك مادامت لي حاجة فساعمل وافكر من اجل سدها ربما التفكير يختلف فمثلا الشخص الذي وقع من طائرة في مكان ما ويريد عبور النهر لن يفكر في بناء كبري ربما في صنع قارب او السباحة لكن الشخص الزي سيحتاج لعبور النهر الف مرة سيحتاج لصنع كبري لحاجته المستمرة للعبور فهنا تاتي فكرة ان قضاء الحاجة بالاختراع ليس امرا هينا انما الكثير من الخيارات مفتوحة وبحسب خبرتك السابقة ستفكر في حل المشكلة لديك وايضا بحسب تكرار المشكلة ستفكر في حل اكثر استدامة فالكبري العائم مثلا ثم الكبري الخرسني ثم ربما تحدث الزلازل فيوجهك الامر لصناعة كوبري ممغنط فوق الماء ثم ...الخ

1.تطور التطور

لما كنت بكلمك عم التطور كان الموضوع لسا في اوله وبسيط ان الانسان مع الوقت بيبدا بيتعلم من خبراته السابقة ويفهم اكتر ويعرف اكتر ويبدا يفهم حاجات كتير ما كنش يعرفها ويبدا يعرف الاسباب ويحلل المواقف والمشاكل بشكل اعمق ويبدا بشوف فرص ما كنش شايفها لان بطبيعة الحال العين مش بتشوف غالبا الفرص ال امامها غير لما تكون عارفة ان دي فرص اصلا نتيجة تجاربها السابقة او معلوماتها او باي شكل يكن... لكن الاهم ان في تطور في الفكر علي مدي الزمن نتيجة المعلومات ال بتزيد

بس تفتكر معالجة الشخص للمعلومات نفسها مش بتزيد...؟

انت عارف لما اكون مثلا في مصنع وخط انتاج وكل شوية باكسب واجيب خط انتاج جديد وغيره

ده هو التطور اني بزود الانتاج

لكن تطور التطور اني ازود قدرتي علي زيادة الانتاج كمان زيها زي فكرة الزيادة الافقية والرأسية في المحاصيل الزراعية بس باختصار عشان لو مش فاهم برده تطور التطور هو اني مش بس بزود معلوماتي لا دانا كمان بزود قدرتي علي تحليل المعلومات ال لدي و بطور عملية الفكر نفسها و بطور نظرتي للموقف نفسه

انا الاول كنت بشوف الموقف ان له عيوب ومميزات

لا دا انا دلوقتي بقيت بشوف فرص في اي موقف بتعرضله بقيت بحلل الموقف بعمق اكبر وخبرتي بقت اكثر انتقائية بقيت بدل ان بزود عدد الاصدقاء بس لا بزود مان حسن اختيارهم

تطور التطور هو عملية تطور نظام معالجة العقل للمعلومات من الاساس وطريقة تطوير العقل للمعلومات بعد ان كانت ملاحظة وسؤال وتجربة وشك وايمان لا دا انا هعيد صياغتها بشكل اسرع ما عشان اسرع من تطويري للافكار و هزود خطوة مثلا عشان احدد هل الملحوظة دي لازم افكر فيها ولا لا دي غير مهمة..؟ هكون اكثر انتقائية او اكثر سرعة او بطا في عملية معينة من التفكير او غيره

1.الجهل بعد العلم

ربما انت دخلت امتحانات كتيرة في المدرسة وجاوبت اسئلة في الجغرافيا ايام الثانوية العامة وانت دلوقتي في كلية ما مبقتش تعرف المعلومة دي

تفتكر ليه ؟ ببساطة لاني نسيتها

طيب ما انت ذاكرتها وكنت عارفها وامتحنت فيها ..؟ اه بس نسيته

النسيان ده ممكن يكون واحدة من اهم ما يميز الانسان عن الالة وال لما تم ادخالها للذكاء الاصطناعي بقي يقدر يعمل مدي اطول من غير ما يهنج

عارف ليه ؟ لان عقلك ليه قدرات محدودة برده . الانسان بينسي معلومة عشان يحط مكانها معلومة تانية اهم او اكثر حداثة او اكثر منفعة

لكن مش دايما النسيان بيكون اراديا وانت ال بتعمله عشان تخزن معلومات تانية لا ده احيانا كتيرة بيتم نتيجة انك معدتش في حاجة للمعلومة اصلا يعني انت ممكن لو جبت مهندس برمجة ومسكته قلم عشان يكتب ممكن ميعرفش لانه طول الوقت بيكتب بالمفاتيح

طيب ما هو كان بيكتب وكان خطه كويس اه بس نسي وفي معلومات تانية اهم بقت في دماغه

والحقيقة ان دي لينا معاها وقفة لان بما ان العقل له قدرات محدودة في تخزين المعلومات وله قدرات محدودة في تذكر المعلومات فمن الممكن بشوية تشويش ورغي ننسي الشخص ال بنكلمه اصلا المعلومات ال بنقولها ونخليه كأنه ما سمعش رغم اننا قولنا

بس عملية النسيان الحقيقة مش بتكون بين ليلة وضحاها لا دا الانسان بعد ما بياخد المعلومة ويسال ويجرب ويشك ويؤمن بيها بيدخل المعلومة دي جو عقله باربطة مع معلومات تانية بطريقة وثيقة يصعب نسيانها تشبه ما يسمي بالخرائط الذهنية او لنقل الخرائط الذهنية هي ما يشبهها

علي اي حال فالمعلومات التي يتلقها الانسان لن تكون مستدامة الا اذا استمر الانسن في الاهتمام بها او ظلت مهمة وتدرب عليها بشكل مستمر

1.الابتكار

لما شفت الكلمة اول ما جه في دماغك ايه

اكيد حاجة ضخمة اختراع المصباح الكهربائي او التليفون او او من الحاجات دي لكن علي عكس المفهوم الشائع

فقد يكون الابتكار مجرد تغيير لون كرسي السائق في السيارة

الفكرة كلها انك لما بتبتكر بتجمع معلومات كفاية قبل ما تاخد القرار ويكون عندك الجرأة لده

الاهم انك تبدا من حيث انتهي غيرك ...متخترع عش العجلة زي ما بيقولو

يعني ال قبلك عمل ايه ..

ذكاء اصطناعي لديه كم هائل من المعلومات

ماذا لو اضفنا تطبيقا يلتقط كلمة طواريء ويبدء في الرد علي اسئلتك ومساعدتك بشكل جيد في الطواري واخبارك

ب الارشادات حال تعرضت لحادث ..؟

ماذا لو انك اضفت دينمو يتحرك باحتكاك في السيارة ويشحن بطارية تضيء السيارة..؟

الامر قديم

لكن الفكرة كما قلت لك ان تعرف ما وصلو اليه وتكمل لا ان تبدا الرحلة من جديد

ماذا هناك سيارة تعمل بدفع بعجلتين ماذا لو ان لدينا اربع عجلات تتحرك فوق الرمل ماذا لو ان لدينا صندوق من

الهليوم في السيارة لكي لا تغرق عند السقوط بالماء الافكار كثيرة ربما تكون بسيطة جدا لكن لن تفكر فيها الا اذا فهمت

ما وصل اليه ما قبلك وفكرت بدلا من النظر الي المشكلة النظر الي الفرص فيها

كيف فكر الناس في تحويل مياه الصرف الصحي لوقود ؟ نفس الطريقة انها الجرأة والتفكير في ما لدينا ومعرفة

بسيطة بعلوم الكيمياء

ما دمت تفكر لديك الجراة ولديك افكار فهذا هو الابتكار

لحظة ***سيتم استخدام تلك الجراة في وضع استراتيجيات للسيطرة علي العقول لاحقا

1.الهدوء الفكري

لما تكون بتاخد كورس اسعافات اولية وتسمع كلمة اهدا وفكر قبل التدخل ممكن تستغرب هو انا هفكر ليه مثلا ده واحد

بيموت وانا عارف هنقذه اذاي ..؟

احيانا بيكون ده اول الغباء وهو التصرف بدون معرفة او تفكير

هنا لا اقول لك انت محتاج تعمل دراسة جدوة عشان تنقذ الراجل يعني لكن كل ما في الامر هو تحليل الموقف في

لحظات ماذ حدث ما لدينا وما يمكن فعله

لا اكتر ولا اقل

احيانا تجري عالمصاب تنقذه ويكون هو ماسك سلك كهربة مقطوع ولو قربت لا هتنقذه ولا هتنجي بنفسك لكن لو

فكرت هتعرف تفصل الكهربة واحيانا بيكون هو ميت لا محال ولما انت بتدخل بتكون الضحية التالية

التفكير والهدء في اتخاذ القرار بيخليك تتصرف حسب منطق وحسب معرفة

وده بيحسن النتايج ال بتوصلها

لان انت فكرت وحللت وفهمت المشكلة اصلا

بس الحقيقة ان مش ديما حل المشكلة بيكون ياه لازم اتصرف في خلال ثواني وان الشخص بيموت ....,لا كتير من الاحيان بيكون في وقت كافي عشان تقف تفكر او لنقل تقعد وتاخد وقت وتفكر وتشوف ايه الفرص وايه التحديات وايه ال تقدر تعمله

بكل هدوء وطمأنينة وتبقي عارف ان اي حاجة انت بتعملها مش قصة صح وغلط وانم قصة اولويات

في الف حاجة ينفع اعملهم ولو عملتهم هيفيدوني بس اي منهم اكثر اهمية اي منهم طاريء ومهم وايا منهم مهم وليس طاريء واي منهم طاريء وليس مهم وايا منهم لا هو طاريء ولا هو مهم

اهدا فكر ثم نفذ

1.هل هناك قرار صح 100%

زي ما فهمتك في الاول ان اني بوضح طريقة التفكير وتطور الفكر الانساني عشان تفهم وتعرف ازاي هتتم عملية السيطرة علي العقول

اخر حاجة اتكلمنا فيها هي الهدوء قبل اتخاذ القرار

طيب ودي انا كد بقرا في كتاب مبادئ السيطرة في الفكر المعاصر ههتم بيها ليه ؟ لان ببساطة الهدوء بيخليك تاخد القرار الاكثر حكمة وكمان اي حد بيهدء بياخد القرار الاكثر حكمة ففي عملية السيطرة لما بنحاول نخلي الشخص ياخد القرار الغلط من وجهة نظره بنعمله عملية ارباك وتشويش وتضليل تخليه ياخد القرار وهو مش هادي خالص...، وخد بالك ان ده احيانا بيحصل معاك

طيب والعنوان ال هنا ال بيسال هل في قرار صح 100 %

اعتقد انت فاهم الاجابة لا بالتاكيد

فحتي لو الشخص ده خد القرار ال انت مش عاوزه ياخده فانت لديك طرق تانية وفرص تانية لتوجيه الشخص انه ياخد قرارات تعويض لك عن قراره ده ال مكانش زي ما انت عاوز

بس الاهم هنا هو امتي؟ وازاي بتوصل للهدوء النفسي..؟

الهدوء ده بنوصله لما نعرف ان القرار ده مش نهاية الدنيا ومش هنموت لو خدناه يعني وان عاد جدا ممكن نرجع وناخد قرا تاني رغم ان هناك قرارات مصيرية فعلا بس ده نسبته لا تتعدي الواحد في المليون او نقول بشكل ادق نسبة قليلة جدا باقي القرارات بتكون مجرد باب يفتح لنا فرص جديدة وتحديات جديدة له مميزات وعيوب بالتاكيد كل ما في الامر اننا بنحاول ناخد القرار ال ليه اضرار اقل وفوايد اكتر وفرص اكتر من تحديات لان مفيش قرار صح 100 %

1.التشوهات الفكرية

يتحدث المختصين حول ثماني اشكال من التشوهات الفكرية وهي من اهم النقاط التي يمكن توجيهها بشكل ما في عملية السيطرة في الفكر وهذه المشوهات الفكرية تعمل علي اعاقة طريقة التفكير بشكل سليم والحيلولة ضد الوصول الي قرار سليم بناءا علي المعطيات او بشكل اخر تقلل من جودة قراراتك زي وال بنشوفه في مصطلحات زي الفلترة والشخصنة والتعميم والتركيز وغيره واول تاثير لهذه المشوهات الفكرية هي عدم الاحساس بالامن والذي يقودك لتكوين علاقات ربما تكون سامة اصلا من اجل حمايتك وربما يقودك عدم الاحساس بالامن لاخذ قرارات غير دقيقة بشكل اخر انت ايض يمكنك استخدام حالة اللا امن في توجيه عقل شخص ما والمشوه الفكري الثاني هو عدم التركيز الذي يمنعك طول الوقت من التركيز فيما تفعله بتوجيه عقلك طوال الوقت للتفكير في امور متطرفة وغير

ضرورية كما يمكن استخدامها ايضا ضد او لتوجيه عقل ما كما سنتحدث مستقبلا لكن علي لاقل اعرف الان ما يشوه تفكيرك

والمشوه الفكري الثالث يقودك لما هو لا صحي والزي يسمح للعادات الغبية بتدمير صحتك سواء العقلية او الجسمانية وبالتالي تفقد قدرتك علي التركيز او العمل اصلا والمشوه الرابع هو ما يقودك للا انتاجية التي تقوض انتاجيتك الكثير من الاسباب قد تقوض انتاجيتك نتيجة الكسل او بطيء القرارات او غيرها., المشوه الفكري الخامس هو ما يقودك لعدم الشكر وعدم الحمد ال هو طول الوقت بيدفعك انك تقول مش كفاية ومتشكرش حد ولا تشكر نفسك ولا تشكر ربك ولا تحس بالنعمة ال انت فيها فده بيخليك طول الوقت باصص للجانب السلبي بس من المواقف ومن الاشخاص

والمشوه الفكري السادسما يقودك الي اللارتباط وهو حالة مثل الالحاد لا اقصد الحاد انكار وجود الاله فقط بل الحاد ينكر وجود اي علاقات تحس انك مقطوع من شجرة حتي ده بيكون له علاقة مع الشجرة لا هذا المشوه بيخليك تنفصل عن الناس وعن ربك وعن كل حاجة وتحس انك في عزلة روحية وسابع مشوه ما يقودك لعدم التسامح لما سالت يوما هل الشخص ال انت زعلت منه ومسامحتوش يوما وكاتم كره في قلبك كره ده اتاثر بعدم مسامحتك ليه ؟..

مكن لكن للاسف التاثير عليك انت اكتر لانك تتحول لما متسامحش حد من شخص بيركز علي نجاحه لشخص بيركز علي فشل الشخص ده انت متخيل ان الشخص ده اذاك وبسبب انك مسمحتوش بتتحول اهدافك من انك تنجح لانه هو يفشل ...!

والمشوه الفكري الثامن وهوكل ما يقودك انك تاخد قرار من غير متفكر ومن غير ما تسال 5 لماذا ومن غير ما تعرف او تحدد كل المعلومات ال لديك

هذه المشوهات الفكرية التمانية تحض من قدرتك علي التفكير السليم ويمكن استخدامها ايضا في عملية السيطرة علي الفكر وتوجيه الفعل كما سنوضح

1.الخوف والحب

تعمل عاطفتي الحب والخوف علي توجيه سلوكنا بشكل عام ومن خلالهما يري الانسان العالم اما انه خايف من ال حوليه وطول الوقت بيحاول يامن نفسه وده بيخليه غالبا ياخد قرارات انطوائية تمنعه من النجاح في حياته لانه بيكون بياخد القرار لانه خايف وعشان يحمي نفسه وبما ان مفيش قرار صح 100% فهو بيتجنب القرارات السريعة واحيانا البطيئة والامر بيوصل انه يكون غير اجتماعي واحيانا بيواجه الخوف ده من خوفه مثلا ان حد يتنمر عليه انه هو ال يبدا بالتنمر ما اصله حتة انك قاعد قلقان وخايف من ال قدامك دي مش حاجة سهلة ..,في المقابل في عاطفة تانية اسمها الحب واعتقد اغلبنا يعرفها يعني دي بتوجهك تاخد القرار بشكل افضل شوية لان بتاخد قرار في مصلحة الجماعة ال انت منهم وبتكون بتفكر في الكل وده بيكون احيان كتيرة كويس لكن تذكر انك في عملية السيطرة في الفكر ممكن حتة الحب دي تكون شوية صعبة حتي لو محتاج انك تظهر ده دور غم كده فانا عاوز اكدلك ان الكتاب وعلم السيطرة بصفة عامة هدفه الخير مش الشر ابد وكوني بكلمك عن الحب والخوف وان الخوف بيوجهك في الاتجاه الانطوائي وان الحب ممكن يكون كويس بس ليه حدود لا يعني انك تكون قاسي وتاخد قراراتك في سبيل نفسك بس رغم ان ده كويس بس برده مش لازم تكون الشخص الشرير ممكن نستغل علاقة الفوز الجماعي ونستخدم علاقة الحب في تقليل اخذ قرار اتنا بتوتر والجانب الاخر ان احيانا الحب ده بيكون بينك وبين الطرف الاخر وده بيكون اول خيط يوصلك لعملية توجيه الفعل للشخص ال امامك

1.مشكلة... توقف وفكر

الان ركز في خطوات حل المشكلة بحل وشكل سليم لان كل خطوة من الخطوات دي هيكون فيها قذيفة فكرية هنوضحها قدام لما نتكلم بعمق عن السيطرة في الفكر

اول حاجة الهدوا ال اتكلمنا عنه و هنا بيكون هدوا وتفكير لحظي او هدوء وتفكير لدقايق ..، واحيانا بيكون هدوء وتفكير لشهور لعمل دراسة جدوة لمشروع متكمل واحيانا بيكون هدوء لفحص او عمل تحليل سوت او غيره من ال هنتكلم عنه بعدين لكن علي اي حال فاول خطوة من خطوات حل المشكلة او اتخاذ القرار هو الهدوء والتفكير السليم وحيث ان التفكير في جو من الهدوا يجعل الشخص يتخذ القرار الصواب من وجهة نظره فانه في بعض لاحيان قد نحتاج لان يتخذ الشخص القرار الاخر و هنا يلزم ما هو ضد الهدوء من تشويش واربالك للشخص سنتحدث عنه في ال جاي

1.مشكلة ... ماذا لدينا ..؟ و ما الميزة ؟

الخطو الثانية ان في كل موقف لدينا يمكن ان تكون مشكلة او موقف او غيره لديا فرص بالطبع ولدينا مشكلة ماذا لو سقطت بك طائرة وتحطمت بشكل ما ونجوت

هل تجلس وتفكر لماذا تحطمت الطائرة ام تنظر في لموقف هنا وتبحث ما لديك من فرص

لديك حطام وزجاجة ماء وبارشوت وبعض الاشياء

الامر قد يكون جنونيا لكن هذا هو كل ما في الامر فلو نظرت الي كل مشكلة علي الفرص التي لديك للوصول الي حل بدل من التنديد يا الطيارة وقعت يا انا حظي وحش يا انا في موقع لدي طائرة سقطتت لدي كذا وكذا وفي حاجة الي كذا وكذا و هنا تتحول الادوات التي لدينا الي ادوات نجاة وحلول للمشكلة وقس علي ذلك في كل موقف ومشكلة فقط انظر للفرص اولا ثم التحديات وكيف تسخر الفرص والادوات لحل التحديات وسيكون لدينا شخص لا تقف امامه مشكلة

الامر هنا ياخذنا الي اداة اخري من ادوات ترويض العقل لتمكين السيطرة و هي التعتيم علي الفرص التي سنناقشها فيما بعد

28. الخلاصة

في هذا الفصل ناقشنا خطوات حل المشكلة تطور الافكار من الملاحظة الي التعلم ثم التجربة ثم الشك واليقين وناقشنا المشوهات الفكرية الثمانية و كيف سنستخدم كل واحدة كمدخل للترويض للعقول واعتقد انك كقاريء لكتاب مبادئ السيطرة بقيت عندك علم العقل بيفكر از اي..؟ وايه ال ممكن يمنعه يفكر صح ..؟وضرورة الهدوء لاخذ القرارات وازاي ان الحب والخوف والعاطفة بياثرو علي الافكار والاختلاف بين الذكر والانثي في الافكار ومعني الابتكار ونقاط ضعف الفكر وكمان التطور التدريجي للعقل بطبيعة الحال لن تغنيك قراءة الخلاصة عن قراءة الفصل وهذه نقطة جذرية في هذا الكتاب اود التاكيد عليها

الفصل الثالث : فهم وتحليل سلوك الاشخاص

1.مقدمة للفصل

في هذا الفصل وبعد ان فهمنا معني السيطرة علي الفكر والنظرة الاخاقية لعلم السيطرة وعرفنا كيف يتطور فكر الانسان خلال المراحل المختلفة دلوقتي هنتكلم شوية عن السلوك البشري وايه ال يخلي انسان ما يعمل السلوك ده...؟ وانسان تاني يرفض وايه ال يخليه يوافق بعد ما كان رافض..؟ وايه ال ممكن من خلاله نجبر انسان انه ياخد قرار هو مش موافق عليه ..؟

في الفصل ده هناقش دوافع السلوك الانساني المختلفة ونفهمها كويس جدا قبل ما نناقش الترويض والقاذفات الفكرية لانها هتكون اول قاعدة للترويض وال بعد كده هيتبني عليها القذايف الفكرية وهنناقش ازاي ان العاطفة مثل الحب والكره والحاجات الانسانية التي تنتهي والتي لا تنتهي وكيف يمكن ان نوجه انسان لفعل شيء ما لسد حاجته ..؟ وكيف يمكن لنا ان نستخدم السلوك المعروف سابقا في التنبؤ بتوجهات الشخص الفكرية واحتمالات قيامه بالفعل المطلوب منه في المستقبل..؟ وكيف يتطور السلوك عبر المراحل المختلفة..؟ وكيف يكون السلوك شاذ او طبيعي..؟ وفوارق السلوك بين الرجل والمراة وغيره خلينا منستبقش الاحداث ونمشي وحدة وحدة .

1.لماذا ....؟

كالمعتاد لماذا سندرس السلوك البشري ؟

سبق لنا ان ذكرنا وناقشنا التطور الفكري للانسان وقولنا ان كل مرحلة من مراحل التطور ده لما نفعمها هنقدر نستخدمها في توجيه الافعال والسلوكيات كيفما نشاء في القادم والامر نفسه فنحن بفهمنا دوافع سلوك الانسان سنحرك بتلك الدوافع السلوكيات البشرية و الافعال

ماذا لو عرفنا ان الانسان يتخذ قراراته بتاثير العاطفة..؟ وماذا لما نعرف ان الانسان له حاجات معينة..؟ كل ما في حياته هي اهداف لتحقيق تلك الحاجات وماذا لو قال لي احد الحاجات الانسانية اغلبها ينتهي في نقطة ما .. ما الحاجة الانسانية التي تظل دائما لدي الانسان كما الان لدي اغني اغنياء الارض ما الدافع الان لسلوكهم وافكار هم وكيف يمكن ان نوجه افكار من قضو حاجتهم من الطعام والمسكن والامن والحب..؟ الامر قد يكون عميقا خلال الفصل لكن سنحاول اختصار الدوافع السلوكية هنا فيما يتماشي مع رؤية الكتاب في السيطرة علي العقول والتخصيص فقط للدوافع التي يمكن استخدامها وتوجيهها فعليا لدي بعض او كل الناس

1.تعريف

فهم وتحليل سلوك الاشخاص هي المرحلة الاولي من السيطرة علي الفكر الانساني خلالها يتم تحليل المعلومات السابقة عن سلوكيات وافعال ومعارف وحاجات ودوافع الانسان نحو سلوكو وبالتالي ربط الاهداف التي تريدها بسد الحاجات الانسانية لهذا الشخص وربط الدوافع التي توجه الشخص معك

فمثلا هذا الشخص الذي قد تحتاج ان يقوم بمهمة لك تحتاج مجهود بدني هنا ننظر الي حاجات هذا الشخص هو ربما بحاجة للماكل والمشرب وبالتالي بحاجة للمال انت تدفع المال مقابل قيامه بالشيء وبالمثل ربما هو من الطبيعة الخائفة فانت تستخدم دافع الخوف لتوجيهه لفعل الامر او الحاجة التي لديه ايا كانت

وبالتالي تكون قد وضعت يدك علي اول مفاتيح علم السيطرة وهو لماذا قد يفعل هذا الشخص هذا الشيء ..؟

حينها ستجد الف اجابة علي السؤال وكلما كانت معرفتك بهذا الشخص وارتباطه بك وكلما ابعدت الامر عن الامر المباشر.. كلما كان الامر اسهل ..

1.من اي المناظير

من اي المناظير اذا ننظر الي السلوك الانساني

نحن بطبيعة الحال في الكتاب هنا ننظر الي السلوك الانساني علي انه تلك الافعال الاحادية والمتكررة التي يقوم بها الانسان في سد حاجته المتعددة فهو يعمل ليكسب مال ليشتري به طعاما او يتزوج لهدف كذا هو يوافق ان يذهب للمدرسة وهو طفل ربما لانه عرف انه سيكون طبيبا معروفا او يفعل الفعل بدافع سد حاجته قد تتعدد تلك الحاجات لكن الاهم ان تلك الحاجات من الاكل والشرب والزواج يمكن سدها اما الحاجة التي لا يمكن للانسان سدها فهي تحقيق الذات الذي يلهث الانسان خلفه حتي يموت ولم ولن يسد حاجته تلك

1.دوافع السلوك.. الحب والخوف.

الحب والخوف هما اكبر عدوان للانسان في هذا الكون

فالانسان ربما يلقي بنفسه في بحيرة تماسيح وهو يعلم انه سيموت ربما فقط لانقاذ ابنه او صديقه او او ايا مما يحب وعلي الجانب لاخر الخوف قد يدفع الانسان الي التفكير الضيق فقد يقفذ شخصا من قطار يمشي بسرعة 120 كيلو فقط خوفا من ان يمسك به الكمسري لانه مدفعش تمن التذكرة ..
الامر قد يبدو مريبا

الخوف يفعل انظمة الجسم للدغاع عن النفس ويجعل الشخص احيانا يخاف من القانون والاعدام فلا يقتل ويخاف من كذا فلا يفعل كذا او يخاف من شخصا يرفع في وجهه سلاحا فلا يفكر ويخرج كل ما في جيبه من مال ويقدمه له

فالخوف والحب هما اتنين من اهم الدوافع للسلوك في منظور الكاتب ومن خلال فهمهما سنتمكن من توجيه افعال الاشخاص لاحق لكن الان دعونا نفهمهما ..
ما هو الخوف ...؟
الخوف هو غريزة الانسان للدفاع عن نفسه او عن شيء يرتبط به
وما هو الحب ..؟
الحب هو غريزة الانسان للتعلق بشيء خارجي سواء حي او جماد
وكلا من الحب والخوف يمكن استخدامهما في السيطرة كما قلنا
الاهم هنا في تحليل السلوك ان تعرف ما يحب الفرد وما لايحب
وما يخاف الفرد وما لا يخاف

وقد يرتبط الحب والخوف فالانسان يخاف علي الشخص الذي يحبه كخوفه علي نفسه وقد يحب الانسان الشيء الذي يقلل من خوفه ومخاوفه

1.الحاجات الانسانية

ما هي الحاجات الانسانية التي يسعي الانسان جاهدا لسدها ..؟ ويحرك افعاله وسلوكياته ويتخذ القرارات من اجلها ..؟

ربما انت تعرف هرم ماظلو او لا.. لكن الامر هنا في اطار علم السيطرة قد يختلف قليلا في اطار ما يخدم علم السيطرة في الفعل و السلوك

فحاجة الانسان الاساسية هي ان يحيا

تقوده هذه الحاجة الي حاجات تحتها مثل الحاجة للمأكل و المشرب و المأوي للحماية من ضربات الشمس وصواعق البرق و الرعد

ولكن ما المشكلة

المشكلة ان الانسان متاكد من الموت ...؟

فهو هنا يبحث عن ثلاث طرق للحياة المستمرة الاول هو الطريق الايماني و هو اعتقاده انه سيحيا بعد الموت وبعد قيام الساعة و الجنة و النار

و الطريقة الثانية هي الزواج و التكاثر فهو ينجب طفلا يحمل اسمه ويوجهه للافعل التي يريدها و ايضا يفعل ما يجعل اسمه يذكر بعد موته

و الطريقة الثالثة ان يبحث في الطب المتعمق احيانا لاسباب الوفاة وكيف يمكن منع الوفاة عند بعض الملحدين ممن انفصلوا عن الطابع الايماني بوجود خالق

قد يسال سائل واين الحاجات الفسيولوجية في هرم ماظلو ...؟

انما هي حاجات في سبيل تامين الحياة

واين الحاجة للعاطفة و الحب ..؟

انما هي حاجته للزواج و التكاثر

واين حاجته لان يحترم الاخرين ويكون محترما من الاخرين ..؟

انما هي حاجة في سبيل تثبيت اسمه بعد موته و ايضا ان بعيش في مكانة مرموقة لعلها توفر له فرصة جيدة للحياة ..

واين الحاجة للرفاهية ...؟

انما هي في سبيل ذيادة جودة الحياة وبالتالي زيادة العمر ..

واين الحاجة للمال و الجنس ..؟

فهذه ربما تكون اسباب حب الانسان للدنيا وخوفه من الموت اصلا

اذا فالانسان له حاجات متعددة كما في هرم ماظلو كلها تصب في هدف الحياة و العمر طويلا من اجل الاستمتاع بما في الحياة من ملزات وشهوات ولاجل هذا فهو بحاجة الي المأكل والمشرب والمسكن والحب والزواج والابناء وغيرها

1. الحاجات الإنسانية التي لا تنتهي

لكن ماذا عن تحقيق الذات ...؟

تحقيق الذات هي غاية لا تدرك ..

وحاجة لا تقضي عمليا انما هي مجرد شيء يبحث عنه الانسان ولو اصبح ملك المجرة الشمسية لحارب ان يستولي علي المجرات الاخري

و هذا ما كان يفكر فيه الاسكندر الاكبر و هذا ما نره يفكر فيه ايلون ماسك ..

الانسان يريد ان يصبح الافض ولكن صفة الافضل فيها مقارنة للغير وبما ان الانسن يقارن نفسه بما في الكون و هو لا يعرف محتويات الكون فهو ينظر اين هو ..؟ انا معروف علي مستوي القرية لما لا اعرف علي مستوي البلد ..؟ و الدولة ...؟و القارة..؟ و الكوكب ..؟ و المجموعة الشمسية و المجرة ..؟

قد يسال سائل لما تتحدث عن تلك الحاجات ؟؟؟

لانه ببساطة حين نقول ان الحاجات الانسانية للاكل و الشرب و السكن فكيف يمكن ان تقنع مثلا ملياردير مثل ايلون ماسك ان يدفع لك مال..؟

هو لديه ما لديه وتقريبا ليس له حاجة فيما عندك لكن قد يكون لازال بحاجة ان يكون الافضل علي مستوي المجموعة الشمسية فهو من الممكن ان يدفع مالا لشخص يخطط معه ويساعده لبناء مستوطنة علي كوكب المريخ او زحل ربما مستوطنة خارج مجموعتنا الشمسية المهم انه لا زال بحاجة للمزيد و هذه هي الحاجة لتحقيق الذات وده عشان يفضل اسمه يتذكر بعد موته لسنوات اطول

وبالتالي حين تعرف ان شخصا ما من الصعب ان تربط حاجته بما لديك وتربط ما يمكنك فعله من اجله مقابل ما يمكن ان يعطيك هو

فكر في حاجته لتحقيق ذاته ..

1.مراحل تطور السلوك

يتطور السلوك الانساني كما يتطور الفكر البشري في خمس مراحل

المرحلة الاولي ان يلاحظ دون اجراء اي فعل فقط يلاحظ ويحلل

والمرحلة الثانية ان ينظر للمميزات وراء كل فعل يفعله دون النظر الي العواقب

ثم ينعكس الحال فهو ينظر الي العواقب وينسي المميزات في السلوك في المرحلة الثالثة

ثم في المرحلة الرابعة يظل يوازن بين الفعل والاخر لمدة اطول من اللازم كانما يزن بين الاطنان بالجرامات ثم في المرحلة الخامسة يعلم ان اي فعل يتخذه سيكون له ميزة و عيب وبالتالي يفكر فترة اقل ويكون لديه روح المبادرة مع التتبع بعد الفعل نفسه ..

لكن دعني اوضح الخمس مراحل

في الاساس قد يظل الانسان لاول مرة دون فعل اي شيء يلاحظ فقط فمثلا حين يذهب طفلك لتعلم الكرة لابد وانه يظل جالسا علي دكة الاحطياطي يلاحظ ما يفعله ال بيلعبوا

ثم ماذا ...؟

ثم يبد الانسان في التفكير في مميزات ان يفعل الشيء فقط وتلك هي المرحلة الثانية او لنقل الطبقة الثانية من تطور السلوك هنا هو فقط ينظر للمميزات من اللعب فقط دون النظر الي العواقب

ثم ما يلبث ان يصطدم به لاعب اخر ثقيل الوزن فتؤلمه قدمه و هنا في المرحلة الثالثة ينظر الي العواقب فقط دون النظر الي المميزات للفعل

ثم في المرحلة الرابعة تكون مساوية للمرحلة الرابعة في تطور الفكر و هنا تكون القياس بين المميزات والعيوب للقرار لكن الطفل قد يشقي نفسه لانه ينظر الي الميزة والعيب وكانه يزن هذا مقابل ذلك لعلي احد الجانبين يزيد عن الاخر قليلا و هذا يبطيء قراراته وما ان ياخذ القرار لا يهتم بتتبع النتائج فقط يمدح نفسه ان كان مصحا ويذم نفسه ان كان مخطا

لكن في المرحلة الخامسة من تطور السلوك والتي تضاهي المرحلة الخامسة من تطور الفكر وهي اليقين يكون الطفل علي علم بان اي من السلوكيات والافعال التي يتخذها لها ميزة وعيب وعليه ان ياخذ القرار اسرع بعد نظرة فاحصة علي ما المميز..؟ وما الخطأ ..؟ والمشكلة في الفعل ..؟ وبعد الفعل ينظر ان كان مخطأ نظر فيما لديه من حلول وان كان مصحا نظر ما لديه من اسباب النجاح وفهمها..

و هذا هو الطريق الافضل لفعل اي شيء ربما في مجال السلوكيات لكن لكي نغير سلوك شخص اخر فعلينا هنا ان نغير من اسلوبه في القرارات الي اي مرحلة تسبق المرحلة الخامسة وومن ثم نجعله ينظر الي المميزات فقط ان اردناه ان يفعل او المسائ فقط ان اردناه يرفض او ان يظل عالقا في المرحلة الرابعة او الاولي يلاحظ فقط او يلاحظ ويفكر فقط دون قرار و هذا يجعله اما ياخذ قرار متاخر او لا ياخذ من الاساس
و علي حسب ما نريده نوجه فعل الشخص وسلوكه...

1.الفكرة

هنا وبعد ان تحدثنا عن مراحل تطور السلوك الخمسة كان لازم نناقش عملية التغير في السلوكيات
يعني احنا في مراحل تطور السلوك بنتكلم ان شخص هياخد قرار جديد هيقرر يلعب كورة او هيعمل حاجة جديدة
لكن هناك طريقة للتطور احيانا لا تكون فقط تطور للسلوك من انا لا افعل الي انا افعل.. لكنها تكون تطور للسلوك من انا افعل كذا الي انا افعل شيء اخر و هذا ما يعرف بالتغيير
و هذا التغيير لكن لازم يحصل يكون في تركيز علي ال بتعمله في حياتك مش سايبها ماشية زي ما هي ماشية لا دا انت هنا بتكون عارف انت ايه اهدافك ..؟ وبتاخد قرارات علي اساسها وبتغير في طريقتك وحياتك علي اساس هذا الاهداف .
ربما التطور بمراحله الخمسة قد لا يحتاج لهذا التركيز لانه بيكون تغير من انا لا افعل الي انا افعل
لكن التغير الحقيقي من انا افعل حاجة لافعل حاجة تانية بتكون عملية استبدال واستحلال صعبة لانه بتتطلب التخلص من العادة او السلوك او الفعل القديم ومن ثم ايجاد السلوك والعادة الجديدة
تبدا رحلة التغيير في السلوك هنا بالفكرة و هذه الفكرة هي اول ما يقود رحلة لتغيير علي الرغم من انها مجرد فكرة هذا قد يكون مفيد لك نحو معرفة ما يقوض افكارك و التخلص منه من جانب ولكن الاهتمام الاساسي هنا في الكتاب هو كيف ان لهذه الفكرة ان تصنع تغيير في سلوك الشخص وبالتالي فأهم ما يوجد في القذائف الفكرية هي تلك الافكار التي يتم زراعتها في عقل الشخص بشكل او باخر من اجل ان يغير من سلوكه نحو السلوك المراد والفعل المراد

1.المعرفة

بعد هذه الفكرة التي جاءت لك او التي تم زراعتها بعقلك او انت من زرعتها بعقل شخص ما تاتي منطقة المعرفة
والمعرفة هنا تكون اسهل من زرع الفكرة فبالنسبة لك لو ان لديك فكرة ان صديقا ما بخيلا
فلن تلاحظ ربما انه يصرف مبلغا ما و انه يفعل ويدفع لكن بمجرد ان يكون بجوارك ويطلب منه احد شيء ما ويقول لا مش هديك كذا
تتذكر تلقائيا تلك الفكرة
في الاول ما انت شفته بيصرف ...! بس عقلك ملقيش حاجة مرتبطة بده فماهتمش لكن في التانية عقلك لديه الفكرة و هنا العين ترى ما يعرفه العقل ذي ما بيتقال .. ديما ما دام الفكرة موجودة العقل هيشوف ويبدا يبلور ده حولين الفكرة
يعني في فكرة ان صديقك بخيل فيبدا ينتقي اي حاجة يشوفها تدل علي انه بخيل ويربطها مع الفكرة و هكذا ..طب لو شاف حاجة ملهاش علقة بالبخل هيدور هل الحاجة دي ليها علاقة بفكرة تانية عن الشخص او لا ولو مفيش فاحتمال كبير ما يشفش الحاجة دي اصلا
انت عارف لما يكون واحد بيشك ان مراته بتخونه وتتاخر بعد الساعة حداشر مثلا ..!

طب انت عارف هو هيفكر ازاي ..؟

انت عارف لو في حد مثلا بيعاكس و الزوج ده مسك التليفون ولقي رقم غريب وراجل ..؟

الفكرة ال في دماغك بتخليك تبحث بس عن ال ليه علاقة بده وتجاهل الملهوش علاقة وهنا بتبدا تتبلور المعرفة حول الفكرة عشان كده هيكون في طريقة قدام نحمي نفسنا من الافكار ال من النوع ده و ازاي هنستخدم الافكار وتبلور المعرفة لتكوين القذائف الفكرية قدام شوية بس المهم انك عرفت ان مجرد ما بقي في فكرة بقي في معرفة بتتبلور حولها وانت بتبحث عن المعرفة ال ليها علاقة بالفكرة دي

1.الفهم والتحليل

والمرحلة دي من التغيير مهمة جدا عشان نفهم ونحلل الفكرة والمعرف المرتبطة بيها عشان منقعش في فخ تبلور المعلومات حول الفكرة ونتجاهل النص التاني والمعلومات ال ممكن تخلينا نلغي الفكرة دي من دماغنا

فكان لازم بعد الفكرة والمعرفة نفكر ونحلل ونشوف هل المعرفة ال عرفناها تبرهن الفكرة ..؟ ايوه.. طيب المهم تحت اي تاثير المعرفة دي اتكونت اصلا ..؟

يعني انت شكيت ان مراتك بتخونك او جوزك بيخونك انت شكيت ليه عشان اتاخرت او اتاخر شويه ..؟

طيب انت شايف ان المنايفة بخلة ليه ..؟عشان الناس بتقول ..؟

الحقيقة ان كتير من الافكار تم زراعتها في دماغنا واحنا اطفال ممكن بالخطا او بالقصد لكن للاسف الافكار دي زرعت معرفة خاطئة كات سبب في تكوين مأساه في حياة اغلبنا وده ال يخلينا بحاجة للهدوا والتفكير منين بنخد افكارنا ..؟ وليه خدنا القرار ده..؟ وهل في اسباب كافية ..؟ ونبص للمعلومات ال ضد الفكرة بشكل انتقادي يعني هي بتخونك بس ازاي دي طول اليوم في البيت بس ازاي دي مهتمة بيا ..؟!

وقس على ذلك لو كل فكرة جات لينا قعدنا نعمل تحليل للدلائل والموانع علي حد سواء هنفهم الفكرة تنفع ولا لا وبدل ما نبلور معرفة خاطئة لمجرد الفكرة لا هنا هنزيل الفكرة اصل من عقلنا.. وفي المقابل عشان نخلي شخص يغير فكره بناء علي معلومة بدون تحليل وتفكير لازم نجبره انه بس ياخد الفكرة والمعرفة من غير تحليل سواء بالوقت القصير او التشويش او التضليل او التعتيم او التغليف المهم نه ما يحللش الفكرة ويفهمها وهنا هياخد القرر حسب ما انت موجهه

1.التصديق

وهنا التصديق ممكن يكون بعد الفكرة والمعرفة بدون تحليل او بعد تحليل وفهم عميق للجوانب الفكرية ال اثرت عليك في انك تعرف الفكرة وتكونت معرفتك عنها

والتصديق بيكون من خلال انك خلاص اخدت الفكرة وثبتها في دماغك

فاكر انت كنت بتلاحظ وتسال وتجرب وتشك قبل ما تؤمن بالفكرة

انت هنا بقا عملت ده كله خلاص وصدقت الفكرة هنا في الخطوات دي المعرفة و الفهم والتحليل بيوازي السؤال والتجربة والشك

فلو هو اخدت الفكرة من غير تحليل اعتمادا علي معرفته ال هي اصلا تبلورت علي اساس الفكرة وما يؤيدها فهنا بتكون واقع في فخ التصيق بلا علم لانه بمجرد التصديق بيبدا يتعامل مع الفكرة علي انها حقيقة علمية

ركز في ده جدا بمجرد التصديق ما تم فانت بتتعامل علي ان الفكرة دي حقيقة علمية

1.التجربة او المحاولة للاثبات

والتجربة هنا تختلف كليا عن التجربة في مراحل التطور الفكري

في مراحل التطور الفكري التجربة كانت بتتم عشان اثبت الفكرة انما هنا في مراحل التغيير التجربة بتتم اعتمادا علي القاعدة العلمية ال خرجت بيها من تصديق الفكرة

هنا انت بقي عندك فكرة انك بتعرف تقود الدراجة وكونت المعرفة انك شوفت ناس بتسوق وعرفت اسلوب القيادة وصدقت انك بتعرف تسوق عشان تغير فكرة انك تروح المدرسة او الشغل مشي الي فكرة انك تروح علي الدراجة

هنا التجربة بتكون انك خلاص بتعرف تقود وبالمساعدة تتحكم في الدراجة وتسوق فبتجرب وانت عارف انك خلاص هتسوق

حتي لو فشلت ووقعت بتقوم تاني وانت متاكد ان بتعرف و هتنجح

فاكر الراجل ال كان بيشك في مراته

ده تكونت عنده فكرة وبلور حوليها المعرفة وممكن مايكونش عمل فهم وتحليل فصدق الفكرة

هنا التجربة مش انه يسألها او يتاكد انها بتخونه ولا لا

هنا التجربة عشان يثبت انها بتخونه ولو فشل في ده هيعاود تاني وويجرب تاني لحد ما بثبت انها بتخونه

فاكر فكرة اديسون لما فكر يغير من اضاءة الشمعة لاضائة المصباح هنا بعد الفكرة والمعرفة والتحليل والتصديق بقي في تجربة

التجربة هنا اكيد ما كانتش عشان يثب المصباح هيضيء ولا لا اطلاقا انا هي تجربة لغاية ما المصباح يضيء بشكل اخر نقدر نسميها محاولة خلف الاخري حتي الوصول للهدف دون ادني شك في المعلومة ال عنده انه هيوصل

1.التطبيع

بعد عملية التجربة او المحاولة ال بتكون مبنية علي تصديق الفكرة وبعد اول نجاح لك مثلا في قيادة الدراجة تاتي مرحلة التطبيع للتاكيد علي النتيجة وكذلك بعدما كان الشخص بيشك ان مراته بتخونه تاتي مرحلة التطبيع جرب وحاول مرة يثبت ده سواء ده فعلا بيحصل او لا ونجح خلاص بيبدا هنا يكرر المحاولة ليس لانه شاكك في الفكرة ولكن لانه هيحتاج يكررها كتير الشخص ال اخترع المصباح اديسون صح جرب والمصباح نور كان لازم يستمر ويجرب لغاية ما يصل ان المصباح ينور علي طول 20 ولا تلاتين مرة ..خلال التطبيع التغيرفي السلوك بيصبح اسهل واسهل وبيبقي سهل تعمله

الطفل بقي بعد ما كان حد بيساعده عشان يركب لاول وبعدين هو يبدل بقي هو بنفسه بيركب ويبدل وكذلك الشخص ال انت بتعمله ترويض بعد ما كنت محتاج تدفعه انه يفكر في حاجة معينة بقي هو بيعملها لوحده

تخيل كده حد بيبيع مادة مخدرة هروين او كوكايين و عاوز يقنع بيه الزبون بعد ما خد اول جرعة و غير الصنف زي ما بيقولو تفتكر الشخص ده هيحتاج بعد كده اقناع ..؟

لا خالص ده هو بنفسه ال هييجي ويطلب الصنف ده وشويه بيكون صعب يغيره وشويه لو ملقهوش ممكن ينتحر

فالتطبيع هي مرحلة من تكرار المحاولة بعد النجاح للتسهيل من السلوك لكنها عملية مقصودة لازال الشخص نفسه بيبذل مجهود عشان يعمل ده

1.الاعتياد

في هذا المرحلة بعد الفكرة و المعرفة و الفهم و التجربة و التطبيع تاتي مرحلة العادة

خلاص الشخص بقي بيعمل السلوك ده لا ار اديا و هنا وجب القول علي انه التغيير عملية تدريجية وطويلة قد تستمر لسنوات ولكن غالبا حينما نعتمد عليه في السيطرة علي العقول نعتمد عليه في السيطر طويلة المدي ليس من اجل ان يشتري منك او يوافق علي ان يقوم من مكانه ليجلسك

او يقبلك في وظيفة

انما هو عملية بعيدة المدي الزمني

ورغم هذا فهو افضل من الاقناع عن طريق القذائف الفكرية السريعة التي تعتمد علي الحاجات الانسانية كونه ارخص في المقابل المادي واكثر او اسهل استخداما مع المجتمعات و النتائج التي تاتي من خلاله قد لا يفهم اساسها الافراد لانها تحدث علي مدي زمني بعيد وبالتالي بتدرج غير ملحوظ لكنها في مرحلة ما تصبح كانها سلوك طبيعي حتي ان الانسان قد لا يفكر في اسبابها

فربما لو سالت شخصا لماذا يكون الجيب في الجلبية علي اليسار ..؟ لن يعرف ..

ربما هو كان فكرة لسب ما وتم زرعها واستمرت لتصل الي عادة لا يمكن لاحد ان يخالفها ..

لماذا مثلا نرتدي اللون الاسود في العزاء..؟ لا احد ربما سيتذكر السبب لكنها العادة ورغم هذا علي الجانب الاخر ربما تجدة الناس ترتدي اللون الابيض في العزاء ف بعض المناطق

لكن ايضا دون سبب واضح حاليا

ربما حين تم التغيير كان له سبب

وربما كان امر محدثا وتم توارثه

1.اسلوب حياة

بعد مرحلة الاعتياد يتحول السلوك لاسلوب حياة يطبقه علي كل ما ياتي في حياته

فهذا الطفل الزي تعلم ركوب الدراجة بدا في مرحلة ما من عمره لا يسال حتي لماذا يركب الدراجة اصبحت جزء منه ربما لو سرقت لاشترى واحدة وربما ترك العمل البعيد ولكنه يظل يستخدمها ربما اصبح بها زجاجة ماء مثبته وربما اصبح لها مكان بالمنزل ربما اصبخت مفاتيح الدراجة كبطاقة هوية لا يمكن ان يخرج من المنزل وينساها ربما لو قرر الانتقال لبيت جديد هيفكر هيركنها فين

وقس علي ذلك الشخص الزي غير لغته من العربية للانجليزية بعد سفره لامريكة

الامر قد يصل في مرحلة اسلوب الحياة ان ينسي العربية اصلا

ربما لو اعتاد شخص علي استخدام الحاسب في الكتابة ينسي مسكة القلم

في مرحلة اسلوب الحياة قد يكون هناك ارتباط جسماني وفكري بالشيء والاسلوب ده ال تم التغير اليه

و هنا الشخص ليس فقط لا يسال عن سبب السلوك بل يحرم السؤال فيه

عارف لو جيت قولت لواحد سعودي كبير في السن مثلا انت مش هتلس العمة بالشكل ده ..؟

الموضوع بقي اسلوب حياة فعلا

وانا لا اقلل من ده انما هي فكرة التحول من مجرد فكرة الي اسلوب حياة

1.نظرة شمولية علي السلوك

الان دعنا نلقي نظرة شمولية علي السلوك

عرفنا السلوك سابقا بانه افعال متكررة من اجل الوصول للحاجات الانسانية وعرفنا الدوافع للسلوك من حب وخوف وحاجات تنتهي او لا تنتهي وشوفنا مراحل تطور السلوك الخمسة من ملاحظة ثم تركيز علي المميزات ثم العواقب ثم التوازن ثم اليقين بان اي سلوك له مميزات عيوب وانه لازم نتابع الفعل بعد فعله لنفهم عواقبه ونتعلم منه

وناقشنا عملية التغيير خلال المراحل المختلفة وشوفنا ان التغيير بيبدا بفكرة بيتبلور حولها معرفة والمرحلة التالته والاهم هي التحليل والفهم عشان نعرف ليه فكرنا كده وامنا بالفكرة بعدين بتاجي مرحلة التصديق وغرس الفكرة بعدين بتاجي مرحلة المحاولة او التجربة ثم التطبيع ثم الاعتياد ثم اسلوب الحياة وقولنا ان اهم حاجة يكون السلوك والتغيير السلوكي بهدف موضوع مثبتا يحركنا تركيز علي الهدف ده

1.السلوك العكسي (الحفر من اجل البناء)

واحد من اغرب السلوكيات ال ممكن نشوفها هو السلوك العكسي

لان احيانا لما بنعرف ان الانسان في حياته مثلا بيشتغل عشان يسد حاجته الانسانية

بيشتغل مثلا عشان يكسب فلوس... ايه ال يخليه يدفع فلوس ؟

طيب واحد هييني برج بيحفر ليه..؟

الموضوع بقي اسلوب حياة فصعب نكون بنسال نفسنا اسئلة زي دي ..

لكن لم نيجي مثلا نشوف النصاب والقصة الطريفة الشهيرة الكل يوم كان بيوزع عيش علي منطقة معينة وبعدين لم انابيب البوتجاز بتاعة المنطقة بحجة انه يملاها وساب البلد ومشي

والشخص النصاب ال بيلم فلوس عشان يعمل مشروع يكسب وبعدين ياخد الفلوس ويمشي

الحقيقي في مرحلة ما من تطور العقل البشري

لو جالك واحد وخبط علي بابك وانت متعرفهوش وقالك انا هلم انابيب البوتاجاز عشان املاها وارجعها هتفهم انه نصاب وتشك فيه لكن لما كل يوم يوزع عيش فانت شوفت انه شخص فعلا بيعمل خير

هذه هي فكرة الحفر من اجل البناء

مثال علي ذلك حدث مع الكاتب نفسه

ان اتصلت بي نصابة وطلبت اعجابا علي صفحة علي الفيسبوك فعملت ده قالتلي انت كسبت 60 جنيه وبعتتهم فودافون كاش

وبعدين بعد ما خلاص بقي اطمئننت لها طلبت شوية اعجابات تانيين مقابل فلوس وحبت تقنعني اني لازم ادفع 100 جنيه كشراء في شركة ما لرفع الترتيب بتاعها في مقابل انها تدفعلي فلوس مضاعفة

طبعا هنا هي وعدت اول وعد وصدقت تاني مرة غالبا انت بتكون وثقت خلاص

بس الحمد له يعني كنت انا النصاب لاني لا بعت ال60 ولا ال100 وقفلتلهم الصفحة ساعتها

الفكرة في الحفر للبناء تشبه احيانا التراجع واعلان الاستسلام في الحروب انما هو تراجع مدروس لحد ما تكتمل التجهيزات

هنا النصاب مبيكونش قدر يجي مباشرا ويقولك اعمل كذا وانا كويس لا هو بيعمل حاجة تكلم عقلك الباطن عشان يخليك تعمل السلوك ده يعني بيدفع فلوس عشان ياخد او بيرجع خطوتين لخلف قبل الدخول في السباق او بيشد الاجزاء قبل اطلاق الرصاصة او بيتعاطف معاك قبل ما يدمر حياتك او يعطيك فلوس قبل ما ينصب عليك

1.التقليد

سلوك التقليد لوحظ بشكل عنيف خلال التجارب التي اجريتها ولكن ليس فقط تجاربي ايضا العديد من الابحاث ولنسأل كم مرة وجدت شخصا يتثاوب وبعدها ب15 ثانية تاوبت...؟

كم مرة وجدت طابور ووقفت فيه ..؟

الكثيرون يفعلون الشيء ليس لانه صواب او خطا ولكن لانهم يريدون ان يفعلو مثل غيرهم لانهم ينظرون ويسألون انفسهم ان كان كل هؤلاء فعلوا هذا فلما لا نكن مثلهم ..؟

العديد من الناس قد يتوترو من ان لديهم مرض ما ولما يجلسو مع مرضى من نفس التشخيص يقولون حسنا ما دام في ناس غيرنا كده فلا باس

اصل مش لوحدي ...

فقط اول خطوة تكون صعبة وكل ما بعدها بواسطة الجر يحدث

وده خصوصا للناس من نوعية الاي في تحليل الديسك

لكن ليس الاي فقط فاكثر من من هم نوعية اي يقلدون

و هذا انما في سبيل سد حاجة الانسان للامن

مادام في حد في الماية يبقي انا تمام وممكن انزل اصل م دام في حد تبقي خالية من المخاطر ما هو لو في مخاطر مكانوش نزلو

وبعدين نفس الفكرة لما تدخل مزاد وانت وصلت للثمن ال شايفه مناسب بس في ناس بتزود تقول اه يبقي اكيد المنتج يستاهل فتزود رغم ان ممكن يكون ال بيزود ده تبع المزاد اصلا لمجرد انه يدفعك تشتري واحيانا مش بيكون واحد لا دول تلاته او اربعة

عشان كده لازم تقف وتفكر انا هعمل ده عشان الناس بتعمله ولا في دوافع فعلا ..

و عشان كده لو بتبيع منتج لازم تعرف ان بيع اول قطعة لاول زبون صعب بعدين بيكون الامر سهل انه بيتبع سلوك التقليد ..

1.التجديد

احد اهم الاساليب الانسانية التي تدعو للابتكار واتخاذ الطرق الجديدة بدل من التكرار والتكرار دون فهم ورغم ان التجديد احيانا قد يواجه التحديات لان الطريقة القديمة رغم انها قديمة فعلي الاقل كانت تصل للغرض ام التجديد ييفشل يا ينجح لسا منعرفش .... تخيل الناس ال كانت بتسافر بالجمل لو فضلو كده ومفكروش في اختراع السيارة والسفينة والطيارة والصاروخ ...؟

تخيل لو ان الناس ظلو هكذا ..؟

رغم ذلك فاحيانا لا يكون التجديد بهذا الجمال .. اختراع الادوات الهامة وانما يكون تجديد اختبار صواريخ واسلحة دمار شامل وقنابل ذرية وغيرها

اي انه التجديد ليس معناه الاصح ديما وانما هي محاولة للخروج عن النمط المؤلوف قد تكون افضل وقد تكون اسوء لكن المؤكد انه ستخلق فرص وتحديات جديدة

والتجديد في السلوك قد يشبه التغيير احيانا لكنه هنا في التجديد يكون استحداث صورة جديدة كليا عن المألوف ولذلك فهو يفيد في تطوير القذائف الفكرية جدا لان الناس ستجد اسلوبا لم يعتادو عليه وبالتالي لا يعرفو تحدياته ولا يفهموه اصلا وبالتالي يسهل خداعهم من خلاله

كما انه يقلل من الزحام علي الطريق التقليدي فاختراع ادوات لانتاج الطاقة من الرياح او الشمس وفر فرصة لاستخدام الوقود في ادوات وافكار اخري اليوم

1.الشذوذ الفكري والسلوكي

الشذوذ الفكري ربما يكون نتيجة تغير جزري او جيني لدي الشخص لكنه علي اي حال موجود

ولكنه غالبا ما يوجه صاحبه الي مستشفي المجانين او القتل او الانتحار لان المجتمع لا يقبل هذا الشذوذ وهذا الشذوذ ليس معناه الشيء السيء كما توحي لك الكلمة فلو ان رجل قرر ان يخالف عادة سيئة في مجتمع فاشل وشذ عنهم لكان هذا شذوذا فليس الشذوذ السلوكي شذوذ عن المنطق انما شذوذ عن العادات المنتشرة في هذا المكان وهذا الزمان وربما ايضا كان شذوذا عن المنطق احيانا

لكن علي اي حال فهذا الشذوذ غالبا ما يرفضه المجتمع

بل واحيانا يحاول الناس جاهدين علي ان لا يكونو شاذين سلوكيا بكل ما لديهم

هذا قد يكون احد دوافع التقليد اصلا ان لا يظهر الانسان شاذا

فمثلا كم من الاشخاص ربما يحب الذهاب للعمل بجلبية بيضا في مصر

ربما الكثير لكن وسط قواعد العرف فهذا ممنوعا ويعد شذوذا فكريا علي العكس ففي دولة مثل السعودية الامر يختلف كثيرا فالذهاب للعمل بجلبية بيضاء لا يعد شذوذا اطلاقا

وفي المنطق ما المشكلة في الذهاب لعمل بملابس تريحني ..؟

لا احد يعرف انما هي عادات المجتمع ..

الغريب ان موضوع الشذوذ الفكري والسلوكي يمنع الكثيرين من المفكرين والباحثين من التفكير بشكل سليم لانهم يخشون من نظرة المجتمع لهم علي انهم اشخاص شاذين حتي ان الكلمة غالبا لها مدلول سلبي في عقول الغالبية منا لمجرد انه اختلف عن الجمع ممن حوله

1.تأثير البيئة

البيئة مش بس بتاثر في السلوك لا دي بتاثر في الناس ال حوليك وفكرهم وبالتالي بتاثر فيك من جانب بعيد لكن كمان من الناحية القريبة فالبيئة بتوجد عندك حاجات وتحديات مش موجودة عند ناس تانية في ظروف تانية وبتوجد كمان افكار ممكن تكون انت في البيئة دي بس ال بتفكر فيها

في احد الدراسات علي الذكاء الانساني كانت تاتي لهم صور ليكملوا الناقص بها فالبعض كان يضع الصليب اعلي المنزل علي عكس الاخرين الذين كانو يضعون المداخن اعلي المنزل نظرا للبيئة الباردة التي تحتم علي كل منزل ان يوجد به مدخنة لتصريف دخان التدفئة

وربما لو عرضت الصورة علي البعض منا لفكر في طبق الارسال التلفزيوني

كل منا يعيش في بيئة مختلفة توجد عنده حاجات مختلفة وبالتالي منطق مختلفا

البيئة الزراعية قد تدفعك للتفكير البسيط علي عكس البيئة الصناعية و السكان في المناطق الباردة يفكرون في التدفئة اكثر من السكان في وسط افريقيا وخط لاستواء

السكان في المناطق الصحراوية تختلف ايحاءات كلمة ماء لديهم عن اولئك الذين يسكنون علي ضفاف الانهار وبالتالي فان سلوك الحب في بيئة زراعية قد يتحول لسلوك الخوف في بيئة قتالية

او سلوك الحاجة الي مأوي من البرد في بيئة باردة قد لا يوجد عند شخص اخر وتكون له حاجة اهم من الماوي لان الاجواء لطفة اكثر

1.الرجل والمراة

تحدثنا في السابق عن الاختلاف الفكري بين الرجل والمراة لكن الاختلاف ايضا يطول السلوك ففي بعض الاماكن من العيب ان تركب المراة علي الدابة بوضع قدم في كل اتجاه

واماكن اخري يسمح بهاذا ربما لكن لو نظرنا الي الملابس لو نظرنا الي الجري ولو نظرنا الي اصدار الاحكام ولو نظرنا الي التغير ؟؟؟؟

فالمرأة تميل للتغير اكثر ربما اكثر من الرجل

المراة قد تحدثك صباحا بانك اهم من بحياتها واخر اليوم انك اكثر من تكره

السلوكيات الانثوية تميل للتغير السلوكي السريع ربما المجتمع يعطيها احقية للبكاء علي عكس الرجل وربما كون حاجاتها تختلف عن حاجات الرجل بعض الشيء

وربما للطبيعة التكوينية والتشريحية ....!

لا اهتم كثيرا... الاهم هو ان سلوكيات المرأة تختلف في كثير من الاحيان عن الرجل ودوافع سلوكها غالبا الخوف والحب بعكس الرجل الذي يميل لدوافع الحاجات اكتر

1.تأثير التربية

بالطبع عملية التربية للاطفال تؤثر علي سلوكهم المستقبلي فتخيل ان الطفل سحب لاداء صلاة ما دون معرفة السبب وقيل له لو مصلتش هتتضرب فالطفل هنا ربط الصلاة بالضرب والخوف وبمجرد ما امن ان مفيش حد هيضربه لو مصلاش مش هيصلي

علي عكس الطفل ال بيفهم ان هو بيصلي لكذا

وقس علي ذلك لو كدبت تاني هضربك ولو كدبت تاني الناس مش هتصدقك و هتقلل من قيمتك

الطفل ال بيتوفرله كل حاجة هو عاوزها و الطفل ال بيتم تربيته انه لازم ينجح في حاجة عشان نجيبله ده بين الطفل ال بتقوله انت غبي وانك تقوله انت تصرفت تصرف غلط

بالتاكيد الطفل بيقلد ابوه وامه غالبا وشايفهم سوبر هيرو فلو انت بتكدب اولادك هيكدبو حتي لو هتعمل ايه هم هيقلدوك وده احيانا قليلة بيكون شاذ عن القاعدة لكن عشان منعممش فاحيانا برده مش بيكون السلوك مشابه للاباء

لكن المؤكد ان التربية واساليبها بتغير سلوك الشخص من اتجاه لاتجاه اخر وبما اننا غالبا بنهتم بتوجته السيطرة علي عقول البالغين فمش هنركز في حتة التربية دي حتي لو كنا سنخصص فصل كامل لعقل الطفل بس منسبقش الاحداث بس ...

1.السلوك ال‍عام للاشخاص

السلوك العام للاشخاص يميل لقضاء حوائجهم اعتمادا علي عواطفهم من الحب والكره والخوف والخوف وخبراتهم السابقة ومعرفتهم وتجاربهم وافكارهم التيي اخذوها بالبحث والملاحظة والدراسة والتجربة وسؤال الاخرين او حتي من خلال الاكتساب او الاعتياد او العرف وتحت الخوف من ان يكونو منبوذين ولا انهم يشذو عن من حولهم

بالطبع تؤثر العديد من العوامل ...الكثير منها يؤثر علي غيرك كما يوثر عليك والبعض منها قد تكون مؤثرات خاصة علي اشخاص معينين

تتضح مراحل تغير سلوك الاشخاص في الجزء الاول من هذا الفصل بجانب مراحل تطور السلوك كما يتمحور دافع السلوك عند الرجل في الحاجة والهدف الذي يسعي له بينما المراة في العاطفة من الحب ولخوف اما الطفل فيميل الي التقليد لاباه احيانا او التجديد والسؤال احيانا اخري حين يسمح له بذلك

1.توجيه السلوك

لن اتحدث كثيرا في توجيه سلوك الاشخاص لان هذا سيناقش بالتفاصيل في فصول ترويض العقل والقاذفات الفكرية وفهم الفكر وتوجيه الفعل

لكن بالتاكيد فان الاهم هنا هو فهم دوافع السلوك وخطوات التغيير

27. الخلاصة

ناقشنا في هذا الفصل السلوك الانساني وكيف توثر عليه البيئة والتربية وكيف يتغير من مرحلة لمرحلة في مراحل تطور السلوك وكيف ان الحاجات الانسانية تدفع الانسان لفعل ما او سلوك ما ونظرنا في الاختلاف بين الرجل والمراة والطفل

وايضا فكرة مراحل التغير من الفكرة الي اسلوب الحياة وناقشنا ازاي التقليد بيحصل وازاي التجديد بيكون صعب وانه احيانا الشذوذ الفكري والسلوكي بيكون لاختلاف السلوك مع المحيطين ليس الا

الفصل الرابع : ترويض العقل لتمكين السيطرة

1.مقدمة للفصل

في هذا الفصل سنناقش المرحلة الثانية من السيطرة علي لعقول وهي ترويض العقل بعد ان ناقشنا في الفصول السابقة تعريفا لعلم السيطرة وتوضيح للنظرة الاخلاقية للسيطرة علي العقول وفهمنا كيف يحرك الانسان العديد من الدوافع من اجل فعل معين

الان نعرف كيف نروض عقل الشخص ليتقبل القذيفة الفكرية التي سنوضحها في القادم

لنفهم كيف يتم تجهيز عقل الانسان ليكون بيئة خصبة لزرع القذائف وتنميتها بالاعتماد علي تحليل البيانات التي يتم تجميعها عن الشخص وعن اهدافه وحاجته ومشاعره وكذلك من خلال احيانا زرع المشاعر الكاذبة لتفهم كيف يمكن احيانا بل كثيرا خداعك لمجرد انك كنت غبيا بما يكفي للحظات

وكيف يمكن للتشويش والتعتيم والتضليل والتغليف والتدرج ان يكونو ادوات ترويض لعقلك ليكون فريسة لفعل ما لا تريد بعدما تقره بكامل ارادتك وكيف يمكن لزرع الشك لديك او لنقل اعادة تفكيرك لمرحلة الشك ان يكون احد ادوات الترويض بجانب العاطفة وغيرها من اساليب وادوات الترويض الفكري التي تجعل من عقل الشخص بيئة خصبة للقذائف الفكرية المختلفة وبالطبع مع كل معلومة تعرفها هيكون لديك الاستعداد الفطري انك تحمي عقلك من ان احد يستخدمها ضدك لان زي ما اتكلمنا قبل كده ان اول التغير فكرة ولما هتكون عندك الفكرة ازي بيتم ترويض عقلك بالطبع وبشكل لا ارادي هيكون عقلك مضادات للترويض تحمي نفسك بيها من عوامل الترويض تلك هل انت مهتم بمعرفة كيف يروض الاخرين عقلك ؟؟؟

1.لماذا ....؟

كالعادة ياتي هذا الجزء من كل فصل لتوضيح لماذا يتم تناول هذا الفصل في اطار كتاب مبادئ السيطرة في الفكر المعاصر وهنا حبيت اوضح ان ترويض العقل واحدة من اهم مراحل السيطرة علي العقل والفكر لان هنا بيتم زراعة الفكرة زي ما قولنا في التغيير وهنا بتم الملاحظة زي ما قولنا في تطور الفكر وال بعدها كل شيء بيكون تلقائي تقريبا فالصعوبة كلها اني اجهز عقل الشخص واروضه عشان يستقبل القذيفة الفكرية ال انا هوجهها دي وبالتالي تجيب التاثير ال انا عاوزه وميتمش مقابلتها بالنظام الدفعي الفكري للشخص وميتمش التعرف عليها كخطر فكري ويتم ردعها وخلال الفصل ده هناقش اساليب وادوات الترويض المختلفة واتمني زي ما قولت قبل كده انك تفهم ان الكتاب متسلسل بشكل معين مش هتفهم حلقة واحدة منه لازم تقراه كله عشان تفهمه لانه يتبع فلسفة تكاملية في التعليم

1.تعريف

ترويض العقل هي عملية نشطة تتم بعد عملية جمع المعلومات وتحليلها عن الشخص بهدف تحويل عقل الشخص الي بيئة خصبة لقبول القذائف الفكرية من خلال التشويش والتعتيم والتضليل وغيرها بهدف جعل عقل احدهم علي استعداد لاخذ القذيفة الفكرية والتفاعل معها حسب المطلوب ومن ثم الرد حسب الهدف

وهي عملية اساسية في السيطرة علي العقول قد تعيد احيانا الشخص الي مراحل ما قبل النمو الفكري والسلوكي وبالتالي يتخذ القرار الاقل صوابا اعتمادا علي فكره وهذا ليس بالضرورة للضرر لهذا الشخص فقد يكون هدفه العلاج النفسي او المهدءات العصبية او التخدير النفسي للجراحة بدون مخدر او غيره

وكلما كانت قوة الترويض العقلي وقرب الشخص المروض من الشخص كانت قدرات القذائف الفكرية اكبر فهي تعتمد بشكل اساسي علي السلوك للشخص نفسه وعلي حاجاته الانسانيه وعواطفه وخبرته السابقة ومن خلاله يتم تحويل الشخص من مفكر ومحلل لمنفذ للقرارات فقط نظرة منه لانه يراك بشكل ما ستصل معه الي الهدف او خوفا منك لانك ربما علي قدرة بمنعه من الوصول لهدفه ان لم يكن مطيعا لك وهذا قد يكون علي المستوي الواعي وهذا قلما يحدث لانه غالبا يحدث علي المستوي اللاواعي

1.التعتيم

التعتيم ببساطة هو اخفاء المعلومات عن الشخص وهو احد ابسط واسهل خطوات ترويد العقول هنا انت فقط تخفي المعلومة التي ان عرفها الشخص قد يصرخ او يثور في وجهك ربما تكون فكرة التعتيم لديك فكرة سيئة لانك تعرف ان التعتيم يساوي الاخفاء للمعلومات واخفاء المعلومات هو كذب وبالتالي تعتيم المعلومات كذب ربما هو كذلك حقا لكن علي الجانب الاخر حينما تتخيل فتاة في كلية الاداب تجلس في اخر امتحان لها في مادة مهمة وتتوفي والدتها

ربما الصدق ان تعرف زميلتها هذا الخبر وتذهب قبل بدا الامتحان وتخبرها لكن ان التعتيم هو ان نصبر حتي نهية الامتحان ومن ثم نخبرها لان الاخبار خلال الامتحان ربما تترك الامتحان وتضيع اخر سنة وربما لن يفيد البكاء امها التي ماتت فعليا وربما اخفاء امر العجلة الجديدة التي اشتراها الوالد لابنه لكنه لن يخبره الا بعد انتهاء الامتحان لانه لا يريده ان ينشغل بها

ربما لو ذهب شاب لخطبة انثي وقال لها انه ملياردير ستقبل اي فتاة لكن هو بحاجة لمعرفة كم هي اصيلة واراد ان يطلب الزواج منها دون ان تعرف ثروته ليري ما ان تقبله او ترفضه كشخص

ربما الكثير من الاحيان التعتيم امرا جيدا اتذكر فيديو للاعب كان يقول انه لا يستطيع ان يعبر نصف الملعب وهو يمشي علي اربع اطراف ويحمل فوق ظهره المدرب لما تم تعتيم بصره بعمامة عبر الملعب لانه لا يعرف كم عبر هو فقط يريد ان يصل لنصف الملعب

ربما لو عرفت بعض المعلومات سترفض العرض رغم انه جيد وعادل ولكنك لافكار ما سترفض لذلك يتم التعتيم عي بعض المعلومات احيانا لاجبارك علي الموافقة او اخذ القرار

1.التشويش

في التعتيم كنا بنخفي المعلومة خالص وده بيكون صعب احيانا لان في معلومات صعب تخفيها لكن هنا انت بتعمل تشويش بما يكفي بجانب المعلومة يخلي الشخص ما يفكرش فيها

ربما انت من تفكيرك تعرف ان التشويش وحش لكنه في احيانا كتيرة بيكون بهدف نبيل علي اي حال فالتشويش يكون في شكل تشويش حسي في الحواس الخمسة او تشويش فكري احيانا المهم ان الشخص ياخد المعلومة المهمة مع الاف من المعلومات الغير مهمة تغطي علي المعلومة دي بحيث ما يكونش عنده وقت كافي يفكر فيها زي ان المكان عتمة شوية او غيره او ان البايع مثلا يعرف انك عجبتك الجنينة بتاعة الفيلا عشان شبه حاجة معينة في ذكرياتك فكل ما يقول عيب في الفيلا يفكرك بالميزة الاهم وهي انها شبه الذكريات

التشويش هنا بيكون فكري وممكن يكون كمان بخبر ترقيتك او خبر وفات ابنك او غيره وانت بتمضي علي استلام حاجة معينة غير انه ممكن يكون تشويش جنسي او تشويش سمعي باصوات من الاغاني او الموسيقي والتشويش ده بيكون اسهل في التواصل عن بعد بالاجهزة والفيديو والتليفون وممكن جدا وانت بتمضي ورق بما ان نسبة كبيرة بتقرا

العناوين او اول سطرين يبقي خلاص نحط الشرط ال انت مش عاوزه في اخر العقد او نحط نفي في اخر الجملة وده احيانا بيحصل

لكن الاهم انك تعرف ازاي تشوش علي المعلومة ال مش عاوز الشخص يعرفها طب انت عارف البنج بيعمل ايه في التخدير قبل العمليات

بيشوش علي المستقبلات الحسية للالم فممكن جدا الرجل تتبتر والشخص م يحسش

عرفت التشويش ....؟

1.التضليل

التضليل هو عملية ترويض اكبر بكتير من التشويش والتعتيم لانها مش مجرد خطوات لا دي عملية اعمق واصعب تهدف الي توجيه معلومات مغلوطة بشكل ما للشخص

فاكر النصاب ال كان بيوزع عيش عشان الناس تحبه وبعدين لم انابيب البوتجاز

طيب فاكر الناس ال ديما بتداري عشان الحسد زي ما بيقولو

انت عارف ان احيانا المخابرات مثلا بتعرف ان الشفرة بتاعة اللا سلكي او طريقة الاتصال اتكشفت فيستمرو بالتواصل عليها بمعلومات غلط وفي الجانب الاخر بطريقة اخري بيتم التواصل بالمعلومات الصحيحة

التضليل هو عملية عميقة لتوجيه معلومات غير صحيحة للشخص وتفهمه انه وصل للمعلومات دي بصعوبة جدا لكن في الواقع هي عملية مقصودة من الاساس وبالتالي هنا الشخص مش بس بيكون المعلومات ال عنده غلط لا ده كمان واثق في المعلومات

زي الشخص الحرامي ال بيسرق واحد وبيقف جنبه عشان يدفعله الاجرة يا حرام لما يعرف انه المحفظة اتسرقت منه

والتضليل احيانا بيكون في بعض الجرائم بان المجرمين بيحطو دلائل تورط اشخاص غيرهم في الجريمة لكن نحن في مبادئ السيطرة لنا اهداف نبيلة فعلي الاقل انت عرفت ان التضليل ممكن يكون سبب ان حد يخليك تشك في شخص اخر او انه يخليك تاخد معلومة غلط وانت يا سلام متاكد منها ومش شاكك فيها

في الحروب هناك قاعدة عسكرية تقول اذا رايت الطريق بلا عقبات فاعلم انه كمين او فخ

لكن تطور الهنا انه احيانا بيصنع ليك فخ وبيصعب عليك الوصول ليه بعض الشيء لكن بيسبلك دلائل واضحة تبدو وكانها حدثت عن طريق الخطا مثل محفظة احد الجنود الملقاة علي الارض مع بياناته الكاملة في الطريق

وربما رجل يخشي السرقة ويقوم بالتضليل في مكان حفظ الاموال

اتذكر قصة ان امراة قابلها لص امسكت بما هو في يدها من ذهب وقالت انت فاكرها دهب يا مغفل دي فالصو ومن كتر ما الحرامي صدق سابها ومشت وكانت دهب فعلا

والتضليل يكون باقناع الشخص بمعلومة ليست حقيقية لكن المميز هنا ان التضليل يكون ان الشخص يحصل علي المعلومة الخطا بنفسه دون ان توجه له بطريقة مباشرة

1.التغليف

والتغليف ان ناتي بالمعلومات المكروه ذكرها ونضعها بين كلام معسول من الاول والاخر وهي احد اساليب الاقناع واحد اساليب النقد البناء

فالشخص هنا يسمع كلاما يعجبه في الاول ويكمل ثم الكلام الذي لايعجبه ثم كلام يعجبه في الخاتمة يجعله هذا يقول ان المشكلة بسيطة وقد لا يلحظها ويمكن تعديلها اذا فلا مشكلة من وجود هذا العيب فلو كان الحديث عن مدح وذب للشخص فالصفة التي تم التعليق عليها في المتصف يمكن ان تعدل مادام اول واخر الكلام جيد ولو كان الحديث عن منتج فذكر المميزات في الاول والاخر ستكون مذكرة بالمميزات لان الانسان غالبا بيركز علي اول الكلام واخره بس لكن هنا الاهم ان تعرف اي المعلومات تغلفها واي المعلومات تخفيها واي المعلومات تستخدم معها التضليل

1.التدرج

التدرج هو ربما النقطة الاكثر استخداما علي المدي البعيد في السيطرة فلو اردت ان يشتري منك زبون منتج ما كل يوم فليس بالضرورة انه سيفعل ذلك من اول مرة ولو اردت ان يوافق عامل لديك علي ان يمر علي منزلك كل يوم ليفعل ما هو زيادة عن واجبه فهذا لن يكون الا بالتدرج

التدرج هو عملية مستمرة من التغيير البسيط بشكل تزايدي او تناقصي خلال فترة من الزمن والتدرج يزيل عقبة ما يعرف بالصدمة والتدرج كفيل ان يرضي شخصا ان يلقي نفسه تحت عجلات القطار الامر فعلا صعب لكنها لانه اول مرة ترد في بالك لكن التكرار والتدرج يمكن ان يفعلو ذلك ففي عملية التغير شفت ازاي ان فكرة ممكن تتحول لاسلوب حياة والتدرج بيتغلب علي انظمة العقل للتعرف علي التهديدات الخارجية فبالتالي بيقبل الافكار دي علي المدي الزمني البعيد

1.الزرع

وعلي العكس من التدرج شكليا لكن لنفس الهدف يستخدم الزرع في ترويض العقول فمن خلال زرع الفكرة بشكل صحيح سيتم توجيه العقل ليبلور حولها الافكار المترابطة وبالتالي يؤمن بها ويحولها الي حقيقة علمية ثم تكتمل عملية التحول عبر سلسلة خطوات التغير ومن ثم انماء هذا الفكرة لخدمة القذائف الفكرية فيما بعد الامر يبدا بفكرة صغيرة جدا مثل انت غبي

ربما انت تراها كلمة لكنها اكبر من ذلك فحين تقال في الظروف المواتية ستكون تغير واسلوب حياة والامر مشابها لان تقول لشخص فلان نجح في كذا او ربما صورة لك مع شخص مشهور توحي للاخر انك ناجح ربما تكون قصة تحول كبيرة في حياتك انت فقط اقنعنت شخصا انك شخص جيد هذا الشخص سيعمل علي اذاعة الفكرة والايمان بها وبالتالي خدمتها

والامر مشابها لكتابة اهدافك علي ورقة ربما يكون الامر تافه بالنسبة لك لكن تلك الاهداف علي الورقة ستكون بمثابة زرع لفكرة داخلك بالتالي سيوفر عقلك اللا واعي ظروفا مواتية لخدمة اهدافك وقس على ذلك اي فكرة تنقلها الي الاخرين او تحتفظ بها عن الاخرين

1.استخدام المشوهات الفكري

تستخدم التشوهات الفكرية مثل التعميم والكل او لا شيء والفلترة والشخصنة والاستنتاجات بدون دلائل كافية والتكبير والتهويل والتسبيب العاطفي مع غيرها كادوات للترويض العقلي كغيرها من المشوهات التي تقلل الانتاج

وتشعرك باللا امن وتمنعك من الحمد والشكر والارتباط او تمنعك من التسامح او التفكير السليم او التركيز في ما تفعل الان

كلها اشكال من المشوهات الفكرية وال وجودها بيساعد علي استقبال القذائف الفكرية والتعامل معها بل ومساعدتها علي اداء مهامها في السيطرة علي عقلك وتوجيهك لانك مع المشوهات الفكرية دي بتكون بتاخد قرار غير سليم تحت تاثير هذه العوامل اصلا فده بيعمل اثارة للشك في قدراتك ومهاراتك نتيجة الكم الهائل من القرارات الغلط ال بتاخدها بسببهم وكمان التشوهات الفكرية دي بتعمل علي ازالة التركيز عن مرحلة تحليل المعلومات قبل الايمان بها وبالتالي بتسهل عملية ترويض العقل مثلها مثل الادوات الاخري من التعتيم والتشويش وغيرها

1. زرع الثقة الخادعة

تاتي فكرة زرع الثقة الخادعة اعتمادا علي العاطفة لانه بمجرد زرع الثقة بينك وبين الشخص هذا فسيكون من السهل عليه تقبل افكارك وسواء كنت ستقدم نفسك علي انك صديق له فيثق فيك او انك شخصا ناجحا مثلما يفعل ما يسمون ب مستريح ويقومون بجمع اموال طائلة ويهربون هم فقط يزرعون الثقة الخادعة انهم اشخاصا ناجحون وبالتالي بمجرد ان يطلبو اموالا يشغلوها في شركتهم الوهمية الكل بيجري ويقدم فلوسه ببساطة ومع قليلا من البزخ في الصرف ومع عربية فارغة ومع فترة تغيب يصبح كل شيء علي ما يرام وخلف كل نصاب في طماع كبير فطبعا هنا بيدخل حاجة الانسان للكسب هو شايف ان الشخص ناجح ومنطقي انه ياخد الفلوس ويشغلها ويقدم فوايد عليها ما البنك بيعمل كده فمع الثقة فيه علي انه شخص ناجح ومع ان الناس كلها بتعمل كده ليه الباقي ما يعملش ..؟
وده بيكون اول الطعم ثقة خادعة في النجاح ..
احيانا بيكون الامر اكثر امانا فالطبيب النفسي احيانا ما يتقمص دور الشخص الموثوق به لاخذ بعض المعلومات وبعض مناديب المبيعات يفعلون هذا بتقديم المعلومات كاستشاريين في المجال ده مجانا وبيوجهوك بشكل ما لشراء منتجاتهم

بعض الشركات مثل جوجل ومايكروسفت بتعمل بتعمل الكورسات عشان تعلمك وتبان انها بتعمل خدمة مجتمعية وهي في الاساس بتوجهك لاستخدام منتجاتها والاعتماد عليها واحيانا الثقة الخادعة بتكون بتقديم فترة مجانية بحيث انك خلاص تقول مثلا انا مش محتاج اغلب نفسي ما الاداه الفلانية هتقوم بالمهمة وبعد مالناس تتعود علي استخدام الاداة تتفاجيء انها بفلوس او احيانا لما بعض المهربين بيبيعو المخدرات بيقدمو جرعات مجانية عشان يجرو رجل المدمن في الاول وتعلق المواد في دماغه فيضطر لشرائها منهم بعدين

الثقة الخادعة عنوان كبير تحته افكار ومواد اعلانية وشركات وتوجيهات بتم تحت اسم الاشارة والنصيحة والخدمة المجتمعية

لذلك لما تلاقي حد بيقدملك خدمة دن ان تدفع تمن فاعلم انك الثمن الموضوع واضح وهذا هو كلا اخذته عن صديق لي واقتنعت به بعد ان حللته جيدا

1.ال عاطفة

العاطفة قد تشبه احيانا الثقة الخادعة لكن العاطفة تستخدم اكثر بين الجنسين وحاليا في ما يعرف بمجتمع الميم قد تستخدم بين الجنس الواحد لكن الاهم انها تعتمد علي عاطفة الحب او الرغبة الجنسية في بعض الاحيان والاهم انها توجه عقلك دون ان تدري

فروح الدعابة والفكاهة بين الرجل والمراة في العمل قد تسهل عليهم اخذ قرارات بطريقة اسهل وابسط من تلك التي تخذها النساء معا او الرجال معا وقد يبدو الامر غريبا بعض الشيء لكن هذا كان محل دراسة لفترة طويلة وتحليل بعدما تمت ملاحظة المعلومة والفكرة لاول مرة في 2020 علي اي حال فتكوين عاطفة مع البنت او الشاب المراد ترويض عقله قد يسهل كثيرا في عملية الترويض الفكري للاخر وبالتالي يسهل توجيه عقله وعلي العكس فحينما يكون الفريق كله اناث او كله ذكور تاكد ان الكيد سيظهر والمنافسة ستقل

وعاطفة المراة اقوي بحيث تجعلها تقبل الاوامر اسهل من الرجل اكثر من الانثي وانتجيتها اعلي في العمل حينما يقود الفريق رجل بعكس ان يقود الفريق انثي مثلها

كما ان فكرة قبول القذيفة الفكرية بين شخصين من جنسين مختلفين او وجنس واحد في الميم قد يكون اسهل بكثير وخصوصا ان كانت هناك مشاعر واضحة بين الطرفين من الود والقبول او اي مشاعر ايجابية اخري من التجاذب

1.ما تفكر فيه يفكر فيك

جملة ما تفكر فيه يفكر فيك سمعتها ولا اذكر من قالها حقيقة لكنها اتفقت مع بعض استنتاجاتي من الدراسات التي كنت اجريه خلال الفترة الماضية

نعم ما تفكر فيه فهو سيصل اليك كانما هو الاخر يفكر فيك وعلي الرغم من انه لن يتحرك وياتي لك كما تقول العبارة الا ان ما تفكر فيه ستراه ربما انت تفكر في فرصة عمل وتفتح الجريدة تبحث فاول ما تفكر فيه هو الاعلانات وبالتالي ستري فرص العمل وهذا ابسط مثال علي ما تفكر فيه يفكر فيك لان العين ستري ما يفكر به العقل وبالتاكيد للعقل الباطن دور فالانسان حيت يفكر في النجاح سيستيقظ مبكرا وحين يفكر في الحزن سيري احلاما حزينة

وعلي الجانب الاخر ال يهمنا ان استطعت ان تجعل شخصا يفكر في مشكلة ستحصل له... ستحصل له ...!

فتخيل انك اخبرت احد الناس ان المدير متضايق بيدور عليه يمكن اول ما يخش يكون متوتر وخايف ويمكن غلط والمدير ما يعرفش لكنه يعتذر علي الغلط فالمدير يعرف ويجازيه فالمشكلة هنا انك بمجرد ان فكرت في الامر جهز عقلك البيئة الكاملة للحدث وكانه حقيقة لا شك فيها وبدا يتعامل علي اساسها وبالتالي كانه يستعجل حدوثها

وبما ان اي موقف فيه الميزة والعيب فبالتالي الشخص ال بيفكر في النجاح هيشوف الفرص لانه بيفكر فيها والشخص ال بيفكر في الفشل هيشوف المشاكل لانه بيفكر فيها

وبالتالي فانت حين توجه اي شخص الي فكرة معينة سيبحث هو عن اي معلومة ترتبط بها وتبرهن عليها ومن هنا تكتمل الفرصة وتتهيء الظروف لحدوث ما تم توجيه عقله ليفكر فيه دون ان يدري

1.التفكير السلبي

وبالتتابع هنا حين يفكر احدا في الجوانب السلبية والفشل فقط سكون مركز دماغه علي ما التحديات ما العيوب لا ما الميزة وما لدينا وهذا حرفيا كفيل ان يدمر حياة اي انسان

تخيل واحد لسا خاطب وواحد صديقه قاله علي فكرة خطيبتك دي انا شفتها في وضع مخل وصديقه ده قريب قوي تخيل الفكرة دي هتأثر عليه ازاي ؟؟؟

انت متخيل انه حتي لو قالك لا لا لا انت بتقول ايه ...!ولو خاصمك ولو حتي سابك وقام او مسك فيك كل ده وارد بس تفتكر الفكرة ما دخلتش لعقله

ده ممكن يروح يسال عنها في الشارع لو حد قال انها لا مش كده

يسال تاني

ويسالها

وممكن يفتش تليفونها

الفكرة هنا ممكن تزرع لسنين في عقله ان هي فيها مشكلة لا دي بتتواصل مع حد تاني وحتي لو في مكالمة من رقم غريب في وقت ما بالغلط هيربطها علي طول بالفكرة ال سمعها قبل كده

زيها زي لما تقول لواحد انت غبي ممكن يقولك عادي ويهزر وبتاع والقعدة تمام.... لكن الكلمة دخلت وكونت فكرة وعملت تبلور معرفي يجتمع حوله كل المرات ال عمل فيها حاجة تثبت ان الشخص ده غبي

1.توجيه الشخص ليسال كيف ....؟

كلمتك قبل كده شوية عن ان الانسان احيانا بينسي يعرف المشكلة او الموقف صح وبالتالي بياخد القرار الخطأ لما شوفت سؤال زي ازاي ندخل فيل الغرفة وشوفت ازاي الاجابات كانت ساذجة بان نقطعه او نكسر الحيطة وشوفت اننا نسينا نعرف المشكلة اصلا لان ركزنا ازاي..؟ مش ليه ..؟

ونفس الشيء لو قولتلك ان واحد كسر اشارة المرور الصبح هنحل المشكلة دي ازاي ....؟

ممكن عقلك يفكر اننا ممكن نعلمه السواقة او نزود العقوبة او نعلمه ارشادات المرور والاشارات

بس الحقيقة انه مكسرش الاشارة عشان مش بيعرف يسوق ولا انه مبيعرفش الاشارات ولا ان العقوبة قليل هو كسر الاشارة عشان كان متاخر علي شغله لانه صحي متاخر لانه المنبه مرنش لانه مضبطهوش قبل ما ينام ...!

فتعريفنا للمشكلة غلط خلالنا ناخد اتجاه مختلف في حل المشكلة مش هيوصلنا لحاجة اصلا وبالتالي بالنسبة لك لما تتحط في موقف لحل مشكلة مع وقت كفاية حاول تفهم السبب الجزري للمشكلة بسؤال ليه خمس مرات عشان تفهم الاول المشكلة وبعدين تحط حلول للمشكلة الاساسية اما بالنسبة للسيطرة علي العقول فلو حولنا السؤال من ليه تشتري تليفون ايفون الجديد لازي تشتريه وقولنا ان في نظام تقسيط علي 20 سنة فده هيخليك ربما تشتري

ولو قولنا السؤال من ليه هتعمل الحاجة لازاي هتعملها هتنسي اصلا خيار انك ممكن متعملهاش فبيكون التركيز والنقاش كله هعملها ازاي

1.استخدام الحاجات الانسانية

حاجات الانسان المستمرة هي ما قد يوجهه لفعل اي شيء خاصة الرجل علي عكس الستات ال سهل يتحركو بالعاطفة

حاجات الانسان ممكن تكون وجبة عشاء يسد جوعه بيها او شغلانة كويسة او فلوس او عقد قران او او الخ

وكل حاجة منهم ليها مقابل وبالتالي بمجرد ان نربط قضاء الحاجة دي مقابل ان يقوم الانسان بشيء ما فلا باس سيقوم به

انقل الرملة دي مقابل فلوس او انقل مقابل وجبة عشاء احيانا

افعل كذا مقابل كذا

عاوزك تخرجلي دواء ممنوع جدول مخدرات درجة اولي مقابل مال

وتاني مرة عاوزك تخرجه مقابل اني ما ابلغش عنك علي المرة الاولي وتالت مرة مقابل المرتين عاوز كمية اكبر

...!

حاجة الانسان للامن او بمعني اخر الخوف قد يدفعه للدخول في سلسلة اجرامية لا اول ليها ولا اخر لمجرد انه وافق اول مرة وهذا مرتبط بالتدرج كمان..!

فبعد اول غلطة تستخدم هذه الغلطة نفسها كحاجة لسترها مقابل غلطة اكبر ومع التركيز علي خوفه من فضح الغلطة الاولي ونسيان ان فضح الغلطة الثانية تكون اكبر يدخل الدائرة الاجرامية بلا شك

1.زرع الشك

يمر الانسان في مراحل تفكيره بالشك قبل ان يصل الي اليقين ورغم ان اليقين لا يبني الا علي شك مسبق الا انها تكون مرحلة صعبة من التفكير العميق التي تجعل الانسان يعيد حساباته الف مرة قبل القرار قبل الوصول لليقين وباعادة الانسان من اليقين الي الشك في الفكرة مرة اخري يعود الي التزاحم الفكري حيس يسهل توجيه الافكار وحيث ان اي فكرة ستدخل للدماغ في وسط هذا التزاحم الفكري المصاحب للشك سيكون من السهل لها ان تثبت في دماغ الانسان اثناء اعادة التناسق الفكري وربما لن يعود ويظل في متاهة مستمرة تحركه الافكار الخارجية بسهولة

1.ملخص سريع عن ادوات ترويض العقل لتمكين السيطرة

تتعدد ادوات ترويض العقل البشري والهدف واحد انما هو توجيه العقل البشري ليتقبل القذيفة الفكرية كفكرة ويؤمن بها ويتعامل معها انها حقيقة فرغم تعدد المسميات والاساليب بين العاطفة وبين الشك وبين التعتيم او التضليل او غيره الا انها كلها تقود الي اعادة الانسان للاستعداد الفطري للتوجيه من غيره

اما لانه لا يعرف المعلومة كاملة كما في ال تعتيم او انه يعتقد انه يعرف وهو لا يعرف كما في التضليل او يعرف ولا يعرف انه يعرف كما في التشويش او ان تعود كل الافكار في مزاحمة عقله كما في الشك وربما تقوده العاطفة نحو انثي او نحو من يحب ليتخذ القرار بناء علي عواطفه او بناء علي التفكير فقط دون التعمق لفهم المشكلة بأسألة لماذا لكن كلها تؤدي الي ترويض العقل كما قلنا

1.قف وفكر

الهدوء والوقوف والتفكير ولو للحظات قد يكون هو طوق النجاة وحتي لو كان للحظات كما في التفكير قبل الاسعافات الاولية

لكن بالتاكيد القرار الذي تاخذه بعد نطرة شمولية علي الموقف ليس كما القرار المتسرع دون فهم لمجريات الامور وما لديك وهذا ما يقودنا الي التفكير غير لسليم حين ناخذ قرار دون فهم كامل لما لدينا وما علينا

لذلك من ناحيتك لا تسمح لاحد ان يجبرك علي اتخاذ قرار دون تفكير لحماية نفسك من عملية التوجيه ...

وفي عملية السيطرة كلما اجبرت الشخص علي ان ياخذ القرار سريعا دون تفكير هذا سيكون افيد لك

****لكن تذكر انه احيانا نحناج في التجارة الي ان يشعر الزبون بالثقة وبانه سيد الموقف لذا لا تخلط بين ان تستعجل احد في القرار و ان تجعله متخوف من القرار اصلا

1.اس تنتج

ربما تحدثنا كثيرا منذ بدا الكتاب عن الوقوف و التفكير و الاستنتاج فماذا نفكر و ماذا نستنتج

في اطار مبادئ السيطرة في الفكر المعاصر يكون الاستنتاج هو نقاط ضعف الفكر للشخص المراد ترويض عقله و الفترة التي تتوقف فيها انما هي فترة ملاحظة و استخلاص لافكاره لمعرفة الحاجات التي لديه و الافكار و الخبرات التي لديه و معرفة علاقاته و معلومات كافية عنه و بالتالي تجهيز عقله خلال عملية ترويض عقلي مناسبة حسب ما تمت مناقشته فيما قبل

من ادوات الترويض العقلي

ليكون بذلك جاهزا لتطبيق القذيفة الفكرية كما سنناقش في الفصل القادم لكن الاهم في هذه المرحلة من الترويض ان تكون حذرا الا يلاحظ هذا الشخص سوء العطاء و الصداقة و الحب منك و هذا ليس كما يعتقد البعض لضره فربما هو لتقليل ضرر هذا الشخص عليك و علي من حولك

او في علاج نفسي و حتي لقبولك كموظف لديه او علاقة صداقة جميلة مبنية علي الود و الاحترام و متبقاش سيء الظن بقايا اخي

1.جهز درع حمايتك

لما اتكلم في حماية نفسك من انك تكون فريسة سهلة وضحية لعملية الترويض العقلي و السيطرة علي العقول فده درع حماية ليك و مفتكرش في فرصة افضل من كده انك تاخدها عشان تحمي عقلك

انت متخيل ان ناس كتير بتدرس الهاك عشان تامن الاجهزة ضد الهكر المحترفين ...؟

و انت كمان دلوقتي بعد ما بقي عندك معرفة واضحة باساليب و ادوات ترويض العقول ليه متبداش تفكر في تطوير نهج شامل وكامل عشان تحمي عقلك من الاف من الناس شايفينك جزء من اداء اهدافهم...؟ وشايفين ان عملية السيطرة علي عقلك ممكن تخدمهم بالتاكيد ..؟

بس ما تقلقش حتي لو انت مفكتش في ده فعقلك الباطن شغال علي ده حرفيا دلوقتي بعد ما قريت الجزء ال فات وبقي بيفكر ازاي يحمي نفسه ويحميك من هجمات القذايف الفكرية ال الاخرين بيوجهو ها ليك و انت كمان ممكن بالمناسبة زي ما هنشوف ممكن توجه قذايف فكرية لنفسك ففكر و احمي نفسك من ده و كمان بعد شوية هتقدر تستخدم الافكار دي في تطوير منظومة متكاملة للتوجيه الفكري فقط ابدا بحماية نفسك و عقلك قبل ان تفكر في هذا

1.حلل سلوك الآخرين

عملية تحليل سلوك الاخرين هي اول خطوة في فهم ما يقومون به لفهم شخصياتهم وتوجهاتهم فالانسان ربما ان سألته عن رايه او عن عقيدته او عن فكره ربما يعطي الاجابات الخطا بشرط انه يظهر فقط بشكل جيد هو ربما يبحث عن افضل الاجابات النموزجية ليجيبك بها عن اسألة مثل ما رايك في العمل الجماعي..؟ وما وجهة نظرك في كذا ..؟وكيف تصرف في هذا...؟ لكن الواقع مختلف تماما فالتجربة تكشف السلوك الحقيقي وهذا ما جعل الكاتب يعاني الامرين فقط لانه قرر ان يجمع البيانات ويحلل سلوك الاشخاص علي ارض الواقع

لانه قرر ان لا يسال اي شخص ماذا تفعل عند الغضب كان علي اغضاب مئات الاشخاص لتحليل سلوكهم عند الغضب

وكذلك لم يكن علي ان اسألهم ماذا اذا كان كذا كان علي ان احدث كذا فعليا و اري سلوكهم الطبيعي وتخيل كم العناء الذي تعرضت له لهذا لكن علي اي حال انتهي الامر وتم تجميع المعلومات بنجاح

لحسن الحظ لن تكون بحاجة لتكرار هذا مرة اخري ربما تكرر اجزاء منه اذا تطلب الامر لكن بالتاكيد ليس علي النطاق الذي قمت به

فانت في عملية تحليل سلوك الاشخاص ستتعرف فقط علي عاطفته وحاجته ومبادئه وقدراته ومن ثم ستكون القذيفة الفكرية المناسبة له وترعاها واحدة بعد الاخري حتي تتمكن من توجيه فكره بسهولة

1.تحليل SWOT

لما نتكلم عن التحليل كان لازم نذكر تحليل سوت و ال الحقيقة يمكن هو معروف اكثر في مجال ادارة التعمال لكن لا باس به في تحليل الشخصية التي امامك و الموقف الكلي للسيطرة عليه بشكل ما ففي هذا التحليل يوجد اربع حروف يرمزون لنقاط القوة ونقاط الضعف و الفرص و التحديات

ويمكننا تطبيقهم في اي موقف من ادارة المشاريع

لكن الان سنطوع التحليل لدراسة الاشخاص خلال موقف السيطرة فانت امامك شخص تريد توجيه عقله لديك نقاط قوة و هي معرفتك بعلم السيطرة ونقاط ضعف و هي عدم وجود روابط عاطفية معه انه غريب بالنسبة لك و فرص و هي انه ربما يطلب منك خدمة ما تحديات و هي انه ربما كثير السوال ويفكر بعمق

الان وبالقياس بنفس الشكل تتمكن من تطويع نقاط قوتك في الوصول لاهدافك في عمليات السيطرة ومعرفة التحديات للتغلب عليها بالطريقة المثلي ماذا...؟ ليس لديه علاقة عاطفية معك ...؟ يمكنك التقرب منه.. يسأل كثيرا ..؟يمكنك تضليله

ماذا لا يثق بك..؟ يمكنك زرع الثقة الخادعة و هكذا

وبالتالي فانت في تلك الطريقة من التفكير تملا الاربع جوانب بمعلومات واضحة تحديات وفرص ونقاط ضعف وقوة وتطوع كل معلومة لخدمتك او تتغلب عليها وبالتالي يكون لديك قذيفة فكرية كما سنناقش في الفصل القادم

1.ابدا بترويض العقول

الان وبعد التحليل باستخدام سوت للموقف كما ذكرنا فنحن نستخدم معرفتنا بالسلوك والافكار الانسانية لعملية الترويض باستخدام الادوات المناسبة ومن ثم يصبح الشخص علي استعداد للقذيفة الفكرية

لكن لابد ان تكون علي وعي في تلك المرحلة لانه قد تكون انت ضحية التضليل والتوجيه العكسي اي ان الشخص يكون اذكي منك ويقوم بالمناورة مع افكارك وتقع انت ضحية ترويض عقلي بالتضليل

1.استمر بالتحليل والتوجيه

عملية التحليل والتوجيه واعادة الترويض لا تنتهي سريعا فقد تستمر لعدة دورات من التحليل والترويد والقذف الفكري من اجل التمكن من اخضاع الشخص لتوجيهك فمثلا الدورة الاولى من القذف لاقناعه انك صديق مقرب والثانية انه بحاجة للمساعدة والثالثة انك قادر علي مساعدته ومستعد لذلك والرابعة تقديم توجيهاتك علي انها مساعدة له للخروج من ازمته الحالية وفي كل مرة تدور الدورة انت بحاجة للتحليل والترويض والقذف من جديد حتي تصل لهدفك

1.هل الترويض خير ام شر ؟

اجابة السؤال هذا انا اعرف انها صعبة بالنسبة لك لكنها ببساطة امر اما ان يكون منك او اليك احيانا واما ان يكون لهدف الخير احيانا ورغم انه يوجد نطاق لاستخدامه في الشر الا ان هذا لن يحدث لان بفهمك العلم هذا ستزداد اهدافك اكثر واكثر ولن تكون مهتما بالتفاهات او ان تكون كارها لاحد فتضعه تحت سيطرتك عقليا بل ستكون اهدافك بالتاكيد اكبر من هذا الهراء الذي تفكر فيه ....!

1.الخلاصة

في نهاية هذا الفصل اتمني ان تكون قد قرات جيدا كل الفصل ولست قادما هنا لقراءة الملخص بشكل مباشر ايها الغبي

خلال هذا الفصل ناقشنا الادوات المختلفة لعملية ترويد العقول من اجل تمكين السيطرة وتحدثنا عن ادوات مثل زرع الشك وزرع الثقة الكاذبة والتشويش والتضليل والتعتيم وكل منهم له جمهور يمكن استخدامه معهم وتحدثنا عن التدرج وتحليل سوت وكيف نبدا في ترويد العقول خطوة بخطوة

في الفصل القادم سنناقش القاذفات الفكرية هل انت مستعد ...؟؟؟

الفصل الخامس : القاذفات الفكرية

1.مقدمة للفصل

ياتي هذا الفصل استكمالا لما بداناه في الكتاب من مبادئ السيطرة في الفكر المعاصر

هنا هنتكلم عن اعمق مرحلة من السيطرة علي العقول واياك ان تكون غبيا وجي مباشرتا تقرا الفصل ده بدون قراءة الفصول التي قبله لانه اسم الفصل شدك فقط

علي اي حال في الفصل ده هنناقش ازاي بنلقي القذيفة الفكرية الي عقل حد وازاي ممكن اننا نحول افكاره تماما ونوجه عقله خلال مراحل ممكن تكون مطولة شوية لكن الاهم انها تاتي ثمارها في التوجيه الفكري والفعلي واستنباط السلوك

لما اتكلمنا في الكتاب من اوله وضحنا ان عملية السيطرة علي العقول ممكن تكون عملية مهمة لان الانسان منذ ان انتقل للحياة الاجتماعية بقا خلاص مينفعش يعيش بمعزل عن الاخرين ولازم التفاعل معاهم وبما ان التفاعل ده ضوري فكل واحد بيكون داخل التفاعل الاجتماعي ده باهداف واضحة عشان ينفذها

كل واحد بيكون راسم خطة عشان يوصل لما يريده من حياة مستقرة وبالتالي رغم انه اكيد مش كاتب في اهداف حياته انه ياذيك لكن هو مش مهتم غالبا بحياتك او موتك

ورغم انه في مرحلة ما ممكن الشخص يكون مهتم بحياتك لكن الحقيقة ده لمجرد ان حياتك دي مهمة عشان بتخدم اهدافه وفي مرحلة ما لو حياتك دي كانت بتتعارض مع حياته وبالتالي في هذه الحياة الواقعية رغم انه محدش مهتم ياذيك

بس برده ممكن يكون محدش مهتم يفيدك

انت فقط بالنسبة له درجة سلم يستخدمك مهم حتي يستخدمك ومهم ما دمت صالحا للاستخدام وبعد ذلك ولا لك عوزة

عشان كده في اطار الكتاب ده حاولنا نناقش فكرة ازاي تضع انت كمان خطتك لتوجيه الاخرين لخدمت مصالحك وبالتاكيد اعتمادا علي مبدا المنفعة لا الضرر

هنا احنا هنحاول نوجه عقول الاخرين لخدمتنا في علاقة تسمي مكسب مكسب

لا احد خاسر فيها ربما ما تحصل عليه في هذه العلاقة اكثر مما تعطيه لكن مع قليل من مهارات الاقناع سيكون الشخص راضيا بما تمن عليه من قلايل من العطاء

اتناقشنا في الفصل التعريفي عن تعريف العلم ومصطلحاته والفصل الاول هل هو خير ولا شر والفصل الثاني مراحل تطور الفكر ولفصل الثالث مراحل تطور السلوك والتغير والفصل الرابع عن ترويض العقول

وركزنا شوية علي ان مرحلة ترويض العقل لازم تسبق بشكل ما القذايف الفكرية وان ترويض العقل بيخلي الشخص ده علي استعداد انه ياخد القذيفة الفكرية ويتقبلها ووحدة وحدة يحولها لحقيقة علمية

هناقش في الفصل ده القذايف الفكرية

وازاي ان ممكن ن خلال التحدث مع شخص عن موضوع ما بشكل غير مباشر اعطيه قذيفة فكرية وازاي ممكن اخليه هو بنفسه حاسس ومتاكد اني مكنش قصدي خالص اقوله المعلومة دي ولكن هو اخذها لانه كان مركز في الكلام بس

وازاي انه ممكن من خلال القذيفة دي يقبل العرض ال بتعرضه او من خلال قذيفة فكرة جديدة يقرر يبوحلك بسر من غير انت اصل ما تسأله وكانك انت مش عاوز تعرف

خلينا نمشي وحدة واحدة ونكمل

1.لمـاذا ....؟

لماذا وضع الكاتب هذا الفصل في هذا الكتاب ..؟

الحقيقة ان ده قد يكون بشكل او باخر قلب الكتاب لان هنا بتم اهم عملية من السيطرة علي العقول و هي وضع الافكار ال عاوزين ننقلها لعقل الشخص ده ومن خلال العملية دي بيكون الشخص تلقي ما نريد اخباره به بشكل غير مباشر بالتالي بيكون تم توجيه افعاله او تحويله لاحد الاتباع لك او تحويله لشخص كلمة تجيبه وكلمة توديه وبما انك انت ملقي القذيفة الفكرية دي فتكون علي اهب الاستعداد لاستكمال ما بداته واعادة توجيه الشخص ده

1.تعريف القاذفات الفكرية

القاذفات الفكرية هي ما يخرج منه القذيفة الفكرية

اذا فما القاذفات الفكرية...؟ وما القذيفة الفكرية ...؟

القاذفات الفكرية هي حوار قصير يدور مع الشخص يحوي علي بداية ونهاية ورواية محكمة يمكن ان تكون حقيقية وكثيرا ما تكون غير ذلك وبداخل تلك الحكاية يتم وضع افكار يحتاج القاذف اي انت الي ايصالها للشخص دون ان يلاحظ انك تريد ذلك

والقذيفة الفكرية هي فكرة مضللة وغر حقيقية يتم تغليفها بافكار اخري وسط حكاية او رواية محكمة تحكي الي الشخص المراد توجيهه بعد عملية ترويض عقلي كاملة وتاتي هذه القذيفة الفكرية لخدمة توجهات معينة يحتاج الشخص القاذف الي ترسيخها في عقل الشخص المراد توجيهه

وعملية القذف الفكري انما هي عملية متكاملة تتكون من الاشخص ...القاذف والشخص المقذوف والقذيفة الفكرية الموضوعة بترابط محكم داخل القاذفات الفكرية بهدف اسكان وترسيخ افكار معينة بشكل لا واعي الي الشخص المقذوف

1.قصة زميلة وزميل العمل

بعد ان بينا التعريف بشكل واضح

ربما نحتاج الي رواية قصة قصيرة توضح لك عملية القذف الفكري بما تحوي من قاذفة فكرية ومقذوف فكري لكن اعذرني انا لا احب الدراما احيانا فقد تكون القصة غير محكمة بما يكفي

دعنا نقول ان نسمة انثي متزوجة من خالد وتسكن في شارع تجاور فيه ام احمد

ام احمد تكبر نسمة بـ4 سنوات

نسمة خبطط ذات يوم علي باب ام احمد لتطلب بصلة (فرصة)

ام احمد بكل ابتسامة عنيا وجابت الـ3 بصلات ال عندها في المطبخ وال مفيش غير هم وجات قدمتهم لنسمة وطبعا مع حوار بسيط من لا انا عاوزة بصلة واحدة و ام احمد تحلف لا والله لازم تاخديهم التلاته

انا عندي كتير ابو احمد ربنا يخليه جايبلي شوال

انتهت

اي ده هي قذيفة فكرية

اه

تعال نفهم وبلاش تستعجل

ال حصل هنا قذف فكري ممكن بشكل ما يكون مقصود او غير مقصود

هنا القذيفة الفكرية هي ان خالد جوز نسمة مش موفرلها كل ال هيا عاوزاه بالمقارنة بابو احمد

و القاذفة الفكرية هي الحوار ال دار بين ام احمد ونسمة

اه بس انا محستش بالموضوع دي كان حوار عادي

هو ده المطلوب انا هنا بدات بقصة ممكن متكنش مقصودة عشان تعرف قد ايه الموضوع بيظهر تلقائي جدا

هنا لو تخيلنا ان في عملية قذف فكري مكونة من اربع دورات قذف

اولهم ان خالد مش بيوفر كل ال بتحتاجه نسمة وممكن في الخطوة التانية ان ام احمد ست طيبة وبنت اصول

و التالته ان نسمة بحاجة للمساعدة

و الرابعة ان ام احمد تقدر تساعد

ممكن الموضوع يزيد عن اربع دورات من القذف ان في الخامسة ان ام احمد بتحب نسمة اكتر من خالد والسادسة ان ......الخ

وكمل زي مانت عاوز بس المهم ان كل دورة من دورات القذف الفكري تبان انها طبيعية جدا وان الشخص القاذف مش مهتم ابدا يعمل ده ومش قاصد خالص

خلينا نكمل الجزء التاني من العنوان

هنا لو نفكر نسمة ست وام احمد ست فالموضوع كان محتاج يمكن خمس قذايف فكرية

علي عكس لو الموضوع بيتم بين راجل وست او ذكر وانثي او حتي بين نوع واحد في مجتمع الميم

نتخيل بعيدا عن ام احمد خالص ان نسمة وخالد متجوزين ونسمة بتنزل شغل نسمة ليها صديق في العمل اسمه فوزي

فوزي شخص نزيه جدا وهم الاتنين معيدين في كلية اداب

وخالد ده دكتور صيدلي مقضيها شفتات في الصيدليات ومفيش اولاد

وفوزي متزوج من علا

هنا الموضوع مرتبط بالعاطفة ال سهل تتكون خلال مرحلة ترويض العقل بين نسمة وفوزي لاختلاف الجنس

وعن القذائف الفكرية فنتخيل ان فوزي يريد ان يكون له صوت مؤيد له داخل كلية الاداب في اي اقتراح الامر بسيط جدا

في الدورة الاولي من القذف الفكري يتم نقل فكرة ان علا زوجة فوزي اكثر راحة من نسمة

وفي الدورة الثانية يتم نقل فكرة ان فوزي اكثر اهتماما ب علا من اهتمام خالد بنسمة

وفي الثالثة يتم نقل فكرة ان فوزي مهتم بنسمة اكتر من خالد

وفي الرابعة يتم نقل فكرة ان نسمة بحاجة الي فوزي اكثر من خالد

وانتهت القصة

هنا بتتحول نسمة تماما لمجرد مؤيد لقرارات فوزي واقتراحاته وحتي لو بطبيعة الحال نسمة اترقت قبل فوزي بيكون نسمة هنا ليها يد في مساعدة فوزي ولو فوزي اترقي الاول بيكون هنا فوزي السوبر هيرو بالنسبة لنسمة لانه بيمثل ليها نجاح ومع العلم ان غالبا اللغبطة الفكرية الحصلت دي بتخلي نسمة تدخل في مشاكل مع خالد او بتكون تقريبا بتتعامل معاه كجزء من البيت كنبة او سرير يمكن في علاقة لكن مفيش الاحترام المتبادل

هنا بيكون فوزي هو سيد الموقف

خلينا الاول بس نوضح ال بيحصل من فوزي تجاه نسمة في دورات القذف الفكري الاربعة

في الاول فوزي محتاج بشكل ما يوصل لنسمة ان علا مراته مرتاحة اكثر من نسمة وده ممكن يكون بسيط جدا انه بيحكي لنسمة انهم راحو فسحة وطلبو دليفري عشان مكانتش فاضية تجهز اكل لانها كانت بتزور امها وحسب الموقف والتحليل بتتحكي القصة وبعد ما في ترويض عقلي اصلا من فوزي تجاه نسمة باستخدام العاطفة وادوات تانية

في الدورة التانية من القذف الفكري فوزي عاوز ينقل لنسمة انه اكثر اهتماما بزوجته علا من اهتمام خالد بنسمة والامر بالنسبالي بسيط جدا مكالمة تليفون من علا لفوزي محدش سمعها

و هنا فوزي بييجي باسلوب جيد ملهوف وبيستاذن من نسمة انها تكمل الشغل بتاعه لانه هيروح اصل علا تعبانة وهيروح بيها للدكتور

الدورة التالته من القذف الفكري هنا فوزي بعد ما عمل اول قذيفتين فكريتين بيكمل بقذيفة تالته تخلي نسمة تفهم انه هو كفوزي مهتم بيها اكتر من اهتمام خالد بيها

وده ممكن انه بعد ما هي عملت شغله يعرض عليها بلا داعي

انت شكلك تعبانة لو كده روحي وانا هكمل شغلك مع شوية اظهار للمشاعر والاهتمام نسمة بتبدا تتاقلم مع الفكرة خلال ربع ساعة وتقتنع انها فعلا تعبانة الستات لو في احسن حالتهم وقولتلهم تعبانة هيحسو بده

المهم هنا اها هتفكر ازاي ان فوزي حس ان انا تعبانة وخالد ما اخدش باله ؟؟

المرحلة الرابعة بيتم نقل فكرة ان نسمة بحاجة لفوزي اكتر من خالد في الشغل طبعا

وده ممكن يكون بمكالمة تليفون منه يطمن عليها او انها اول ما جات في اليوم التاني نزل جابلها فطار او جابلها فطار من البيت او سالها عملت ايه

هنا نسمة بتتحول تدريجيا لارتباط لا واعي بخالد

و هنا مع سناريو محكم ممكن ما يستمرش اكتر من 15 يوم لشهر بيكون فوزي قدر يوقع نسمة في صفه وتوجيهها لان هنا تم قذف تفكير ها بنجاح

هنا اكيد مش المقصد ان نسمة بحاجة لفوزي اكتر انها تطلق لا خالص بس نسمة هنا مبقاش عندها مشكلة تتاخر في الشغل تخلص شغل فوزي ال فهمها انه هيروح بدري لانه هيروح هو ومراته علا عازمها برة علي العشي

وده بيخدم فكرة القذايف الفكرية ال فاتت

وبيخدم قد ايه ان فوزي مهتم بمراته اكتر من خالد بنسمة

وحتي لو خالد بدا يسال نسمة هنا اتاخرتي ليه ...؟

هنا هي عندها فكرة انه مش مهتم بيها فبتبدا تتعامل كان عندي شغل ...1

ويا سلام بقي لو اسلوب نسمة ده بدا يتغير في البيت وبدا يبص ويستغرب من عدم الاهتمام

او لاحظ مكالمة فوزي ال كان بيطمن عليها

مش عاوز اكبر الموضوع بس القذايف الفكرية موضوع درامتيكي شويتين سته كده

وبنفس الطريقة ممكن بالمناسبة يقنع مندوب مبيعات لشخص انه يشتري منتج او شحص يوجه شخص تاني انه ياخد قرار بالتخلي عن وظيفة وخلافه الامر فقط يعتمد علي تحليل الموقف وتحديد عدد الدورات للقذف الفكري وترتيبها

وبعد عملية ترويض عقلي بتم المهمة الممكن تاخد من 6 ساعات ل 3 شهور في المتوسط

لكنها احيانا في التاثير علي المجتمعات ممكن تكون خطة مكونة من قذائف فكرية تستمر لعشرات السنين لنقل 30 او اربعين سنة

1.تقنية جهازين اللاسلكي

احيانا في اجهزة المخابرات او العمليات المشابهة بيتم استخدام اجهزة لاسلكي بتشفير معين للتواصل بين جهاز وجهاز او منظومة وافرادها وهنا ممكن تكون منظومة تانية بتراقب المنظومة الاولي هنا المنظومة ال بتراقب لنقل المنظومة (ا)والمنظومة ال بتتراقب المنظومة (ب)

فلو المنظومة ا كشفت كود التشفير للمنظومة ب فخلاص هتقدر تراقب كل ما بيتم خلال التواصل

هنا المنظومة ب ممكن تعمل حاجة بسيطة جدا انها توهم المنظومة ا انهم بيتواصلو بالجهاز س

وخلاص ا عرفو يفكو التشفير بتاعه

والواقع ان المنظومة ب بتستخدم جهازين جهاز س وجهاز ص جهاز س للمعلومات المغلوطة وجهاز ص للمعلومات الصح

الفكرة قديمة قوي واتعرضت في الف فلم عربي قبل كده بس في مجال القاذفات الفكرية الموضوع شيق جد لان ببساطة ده ال بنسميه في العنوان الجديد ده شايفه اسمه ايه ؟؟

1.و وهم المعرفة

اسمه وهم المعرفة حضرتك يعني انا هنا لو مقدرتش اقنع المجموعة ا انهم بيوصلو لمعلوماتي هم هيحاولو برضه يوصلو للجهاز ص ويفكو تشفيرو بس عشان ده ميحصلش لازم اقدملهم معلومة تخليهم يضلو البحث حتي ولو بشكل مؤقت

يعني الحقيقة ان المجموعة ا ممكن بعد اول مرة تفشل في الوصول للمعلومت الصح تشك في الموضوع وترجع تدور ليه مسمعوش الكلام صح وبيحسو ويوصلو لتشفير الجهاز ص بس هنا الموضوع بيكون خد وقت والمجموعة ب فكرت في حل جديد

وهم المعرفة مهم جدا في عمليات القذف الفكري

لان الانسان بطبيعة الحال في في عقله علاقات ياما بين المعلومات ولو في معلومة ناقصة غالبا ممكن يدور عليها لكن في وهم المعرفة انا بقدمله معلومة غلط تسد حاجته للمعرفة لكن متفدهوش

لان ببساطة كون المجموعة ا عارفة بوجود ب فلازم هتبحث ولازم هتدور ولازم توصل للمعلومات وطول ما هي موصلتش لمعلومة هتبحث وتكمل طريقها

ال بيحصل اني بقدم قذيفة فكرية تسمي وهم المعرفة وهي اشهر قذيفة يمكن استخدامها هذه القذيفة تختلف شوية لانها ممكن تكون بتستخدم في مرحلة الترويض العقلي او في مرحلة القذف الفكري علي حد سواء

1.شد الاجزاء

شد الاجزاء او الحفر من اجل البناء ايا كان المسمي ال يريحك للموضوع ده

وهو انك احيانا بتكون عاوز تعمل حاجة فتعمل عكسها تماما

كنقطة انطلاق للحاجة دي عاوز تعمل علاقة مع حد وتبينله انك بتحبه او عاوز تبين لحد انك مهم

او عاوز تبين لحد انك ذكي او او

المهم انك عاوز تبين حاجة ما للشخص فبتعمل القذيفة الفكرية دي ال بنسميها شد الاجزاء

شد الاجزاء انت بتعمل ايه .....؟

بتشد شيء معين للخلف عشان ينطلق للامام مرة واحدة بالضبط هو ده المطلوب في القذيفة الفكرية وهي احيانا بتستخدم برده في الترويض لتكوين علاقة مع الشخص ال هيتم قذفه

وهنا انت بتعمل القذف علي مرحلتين بس اول حاجة انك بتثبت عكس ال عاوز تثبته وبعدين بتفاجيء الشخص بالمعلومة الحقيقية وال حتي لو كانت ضعيفة واعتيادية في الواقع فقول المعلومة بعد ما الشخص كان مكون معلومة مخالفة ليها بيفاجيء الشخص المقذوف ويربكه ويشككه في نفسه عشان كده ممكن تستخدم في الترويض وتكوين علاقة او في مرحلة القذف الفكري المباشر لكنها بتكون سريعة جدا وتصلح في عمليات البيع والشراء

1.التدرج

زي ما وضحنا فعملية القذف الفكري بتم من خلال مراحل متعددة وده اول تطبيق لفكرة التدرج لان اكيد مش بروح اوصل للشخص انه محتاج المنتج قبل ما اوصله انه محتاج انه يسمعني وان انا ممكن افيده وان انا يهمني مصلحته زي ما شفنا في قصة نسمة وفوزي

1.1.اعلانات المشاهير

اعلانات المشاهير هي بشكل او باخر قذف فكري
ومتستغربش انه بيتم السيطرة علي عقلك
اه والله

انت النهاردة بتروح تشتري المنتج ال شوفت اعلانه بالليل في التلفزيون او ال انت شفت لاعب كورة مشهور بيستخدمه مش بشكل واعي وانت رايح عشان تعمل كده انما انت لما فكرت تجيب خط عقلك افتكر خط فعمل عصف ذهني فاول حاجة جات في باله لاعب مشهور كان بيعمل اعلان عن شركة محمول ما وهوضح ده بعدين فكرة ترابط المعلومات جوه عقلك او لنقل دماغك

البيحصل انه بيتم زرع افكار عن طريق القذف الفكري وده بعد عملية ترويض عقلي لك من خلال معرفتك بالشخص ال بيقدم المعلومات وبيتم زرع الافكار هنا مش شرط خالص انك تعرف الشركة بتقدم حاجة مهمة بس هما ربطو المنتج بمعلومة بارزة في دماغك فاي ما تفكر في حاجة المعلومة دي بتظهر و عقلك بيروح للمنتج ده
خليك عطشان
اي اول شركة افتكرتها
رغم ان الطبيعي انك لما تعطش تشرب ماية بس الشركة قدمتلك فكرة بسيطة تفكرك بيهم لما تعطش فهمت ؟

1.طريقة ترابط المعلومات في العقل

حقيقة لا اعرف ايا منهم يشبه الاخر هل ترابط المعلومات في المخ والعقل البشري يشبه الخرائط الذهنية ام ترابط المعلومات في الخرائط الذهنية يشبه ما يحدث في العقل
ربما كلاهم يشبه الاخر لكن بالطبع المعلومات في العقل البشري وداخل المخ تكون اكثر بمليارات المرات من تلك التي ترسم في خريطة ذهنية واحدة
لكن علي اي حال فالمعلومات في العقل البشري تترابط كشبكة كبيرة موجود محمد صلاح كنقطة ومرتبط ربما داخل عقلك بالكرة ومرتبط بشركة مثل فودافون

شركة فودافون ربما مرتبطة في عقلك بالمحمول ومرتبطة بالاعلان ومرتبطة باشياء اخري وكل نقطة او كلمة او مفهوم يخرج منه الاف وملايين العلاقات نحو كلمات ومفاهيم واشخاص اخرين وبالتالي وكل كلمة ربما ترتبط بشكل او باخر بعدد مختلف من من المصطلحات والعلاقات مع المفاهيم الاخري

واثناء العصف الذهني بيحث الانسان عن اكبر تلك المفاهيم من حيث عدد العلاقات وربما تكون العملية عشوائية او شبه عشوائية من البحث لكن علي اي حال فاثناء العصف الذهني يبدا الانسان في اخراج الافكار بناءا علي علاقات المفاهيم مع بعضها لما فكر يشتري في خط جديد دماغه جابت اكبر نقاط تبلور عنده محمد صلاح مثلا

هل محمد صلاح له علاقة مباشرة بالخطوط نعم لقد ظهر في الاعلان يبقي نشوف نشوف الاعلان ده

طيب نازل عطشان الكلمة دي بتفكرني بحاجة اه ده شركة مشروبات غازية

و هكذا تترابط المعلومات ويتم تذكر ها غالبا

كل معلومة او كلمة ترتبط بالمعلومات الاخري وبحسب ارتباط المعلومة دي بمعلومات ليها علاقات كبيرة بتكون ليها اولوية للظهور الاول في العصف الذهني

الموضوع زي ما قولنا يشبه الخرايط الزهنية المرسومة لكنه اعقد وواحد اشكال ثلاثية الابعاد او اكتر كمان عشان كده لما الشركات بتعمل اعلانات بتدور علي اكتر حاجة عقلك بيفكر فيها وليها علاقات معاها وتحاول تربط منتجها بالحاجة دي ووقتما تذكرت الحاجة دي ال انت اصلا بتفكر فيها كتير هتفتكر المنتج او الخدمة ال الشركة دي بتقدمها ويا سلام بقي لو الاعلان ده جاب اربع او خمس مشاهير ووقفو في مكان انت عارفه كويس ومع اغنية انت فاكرها ديما وبيعملو حاجة انت بتعملها ديما ساعتها فرصة تذكرك للمنتج او الخدمة بتزيد وبتكون ربطنت المنتج بتاع الشكة دي بالحاجات الكتيرة ال هي ظهرت في الاعلان

1. تقنية العقل لتعويض نقص الملومات

في حاجة في المخ بيسموها في علم وطب النفس الكمفبيوليشن او التكوين والترابط الاستعواضي للمعلومات العقل بطبيعة الحال مش بيقدر انه يفصل معلومة في دماغه عن باقي المعلومات

لازم يربطها بالمعلومات الباقية باكبر قدر ممكن من العلاقات والموضوع ده اصلا بيكون موجود عشان يحل مشكلة فقدان الذاكرة والنسيان ولكن في مرحلة ما بيكون مفيش نسيان حصل اصلا الفكرة كلها ان حد ال هو انت قذف فكرة الي عقل الشخص ده فهنا العقل بيلاقي القذيفة الفكرية دي مربوطة ببعض الافكار جوه دماغك زي ما وضحت في زميل وزميلة العمل الشخص جوه معلومة في عقله مربوطة ببعض الافكار لكنها بالتاكيد مش معلومة حقيقية وليها ترابطات كتيرة زي المعلومات التاني دي معلومة تم زراعتها بالقذف الفكري

فهنا العقل مبيقدرش يفهم ده وبيبدا يتعامل علي ان كان للمعلومة دي علاقات تانية وهو ناسيها وبيدا يكون علاقات وافكار محصلتش اصلا للتدليل علي الفكرة ال تم قذفه بيها ويعتبرها معلومة اساسية زي ما هنوضح بعد كده في نظرية الاستك

1. نظرية الاستك الفكرية

نظرية الاستك بتقولا ان الانسان عقله زي الحديد

يقاوم الضرب وله صلابة عالية جدا رغم كده لو قدرت تتنيه فهو بيقاوم الاعتدال

يعني هو بيقاوم ان حد يضحك عليه لكن مجرد ما يتخدع بيتعامل مع الخديعة دي علي انها حقيقة ويحميها ان حد يعدلها تاني

الموضوع بشكل اخر بيشبه الاستك في انه كلما قاوم فكرة التغير والخداع اكتر كلما كان اندفاعه بعد نقطة معينة من القذف اكبر

تخيل كده انت بتشد في استك قوي وشديته جامد وهو متقطعش وفضلت تشد واتقطع مرة واحدة هيندفع قد ايه نحو الاتجاه المعاكس...؟

يعني الشخص العنيد حضرتك لو خدعته ووجهته هيكون بعد القذف الفكري اصعب ان حد يغير رايه لو اقنعت واحد عنيد انه يشوفك حد كويس فلو مين حاول يبينله عكس كده مش هيصدق عشان كده كلما كانت عملية القذف الفكري اصعب كلما كانت اطول استدامة لان الفذف الفكري مش بيزرع معلومات مدي الحياة زي ما هنوضح في فصل فهم الفكر وتوجيه الفعل

1.تطور العقل ضد القذائف الفكرية

الحقيقة ان العقل البشري مش بس قاعد ياخد قذائف فكرية ويتخدع وبس ومن السهل انك تخدعه مرة واتنين وتلاته وخلاص لا خالص ده بيتطور ضد اي حاجة بيلاحظها وده بالضبط ال بيحصل بشكل لا واعي لما بتعرف معلومات عن القذائف الفكرية عشان كده الكتاب ده مش هو ال تهديه خالص لعدوك ولا لمديرك في الشغل

لانه اي حد هيقراه هيكون من الصعب انك تطبق او غيرك يطبق عليه القذائف الفكرية وترويد العقول ربما ينفع معاه ما نذكره في الباب القادم لكن القذايف الفكرية لا مش هتنفع مع حد قرأ الكتاب ده

طيب ليه ....؟ لان لما العقل البشري بيعرف عن خطر زي لقذايف الفكرية طبيعي مينامش قبل ما يكون بشكل متكامل طريقة وقائية للموضوع بتاع السيطرة في شكل القذائف او الترويد الفكري

ازاي بقا ده موضوع اكبر من اني اناقشو معاك في الكتاب لكن ببساطة بيكون اكثر حذرا وانتقائية في المعلومات ال بياخدها واطول في فترة دراسة الموقف

1.تطور القذائف الفكرية ضد العقول

ايه ده يعني كده خلاص اي حد هيقرا الكتاب محدش هيقدر يوجه عقله تاني...؟ لا طبعا ممكن وممكن جدا من خلال الفصل القادم لان ببساطة مش بس عقلك ال بيتطور لا كمان القذايف الفكرية بتتطور هي كمان وبتاخد مسميات اخري عشان تقدر تتعايش مع التفكير المتطور المستمر وده لانه علم ذي ما قولتلك ففي في كل يوم جديد بحث وتطوير وده ال خلاني اسمي الكتاب مبادئ السيطرة...

طيب ازاي بيتطور...؟ وازاي بينفع اني اعمل قذايف فكرية لحد اصلا علي معرفة بده ..؟ وازاي ممكن احمي نفسي من التطور ده ..؟

الموضوع بالتدريج بس علي الاقل انت دلوقتي بقيت تحمي نفسك وعقلك من اغلب من يوجهوك وحتي لو في واحد اتنين او عشرة بيوجهوك بنجاح فانت بقيت علي علم ان التوجيه الخارجي ده بيتم

بيتم في الاعلانات وفي الشراء وبيتم علي مستوي دولي وفي الافلام وفي المنشورات ال بتقراها عشان كده اطمئن انت دلوقتي بقي عندك معرفة والمعرفة دي تاني خطوة في رحلة التغيير بعد الفكرة

1. قف وفكر هل تم قذف فكرك

عاوزك دلوقتي ده بعد اذنك وبعد اذنك كبنت برده تقعدي مع نفسك دقايق كده وتفكرو كام مرة تم قذف عقولكم بافكار وبنيتو عليها معلومات وعلي اساسها اخدتو قرارات وخانقتو في حد تاني ...؟

وكام مرة تم توجيه عقولكم ...؟

هل فكرتو قبل كده ان ازاي وليه بيستخدمو المشاهير في الاعلانات ...؟

كم مرة كان عندك افكار في عقلك ناحية حد لمجرد معلومات سمعتها عنه..؟

وكام مرة لما حد قالك انه منوفي كونت فكرة عنه انه بخيل ..؟

فكر وشوف كام مرة اخدت قرار ملهوش اي سبب عقلاني فقط لانك بتقول اصلي حاسس وطلع غلط ..؟

في كل مرة من دول تم قذف عقلك بنجاح وتم توجيهك

موضوع ان تم خداعك ده شيء صعب بس الاهم انك دلوقتي علي علم بده والجانب المشرق انك عرفت ده وعندك معرفة شوف كام واحد ده بيحصل معاه وهو ميعرفش اصلا ...؟!

فكرت ؟

عرفت ؟

خد قرار ...!

انك تحمي عقلك . ازاي بقا دي بتاعتك .. فكر كويس

1. قذائف فكرية شهيرة

في الجزء ده من الكتاب ونظرا لاني عارف ومتاكد انك ممكن جدا متكنش فاهم القذائف الفكرية كويس وممكن الموضوع يكون كبير عليك ورغم اني اتوقع يكون سنك 18 سنة او اكتر عشان تقرا كتاب زي ده بس علي اي حال انا قررت اضيف مجموعة من اشهر القذائف الفكرية ال بنستخدمها ورغم ان القذيفة بيتم اطلاقها بناءا علي تحليل الموقف والفرص ال عندنا والتحديات لكن في افكار عامة ممكن نناقشها هنا وتكون بمثابة الفكرة الاساسية للقذائف الفكرية ال بيتم استخدامها

1. الحب والكره

احيانا بنكون محتاجين ان حد معين يكون مشاعر حب ناحيتنا او كره ناحية حد تاني زي ما شوفنا في قصة فوزي ونسمة من شويتين كده

الموضوع غالبا زي ما قولنا لو بين جنسين مختلفين فالموضوع بقي سهل جدا لانك بتصنع موقف من عملك وبتظهر نفسك كمنقذ للموقف او بشكل ما بتبين قد ايه من غير ما تتكلم عن نفسك انت انسان في مكالمة هاتفية مفبركة جذبتك للخارج عشان واحد صاحبك مات او قد ايه مشاعرك كانت كويسة لما حد من الموجودين جاب سيرة واحد صاحبك بالغلط بس خد بالك ...

ان احيانا لو عارف ان اغلب ال في القاعدة علي نفس الراي ممكن جدا ترويض زي يا جماعة انا عارف ان فلان كذا وكذا وذم بس ده ميمنعش انه وامدح شويه وانهي كلامك بذم شوية وانتهت الفكرة الاهم هنا ان تظهر ان ال قدامك ليه نقطة مشتركة معاك في الحوار

شوف الحاجات ال انت وهو بتكر هووها واتكلم فيها والحاجات ال بتتفقوا علي حبها واتكلم عنها المهم في الحب انك تظهر مدي الجوانب المشتركة بينكم ودايما دخل طرف تالت في القصة وانت واسلوبك بقي

1.البيع والشراء

في البيع والشراء يمكن زي ما قولت وكررت اكتر من مرة علم السيطرة مش هتعيش بيه لوحده لكن علي الاقل مع قليل من العلوم الاخري في التجارة وغيرها هتقدر تعمل شغل كويس لانك عندك قدرة علي الاقناع والتاثير والتوجيه ومش بتشتغل لوحدك لحسابك لا انت كمان بتشغل غيرك في ده
واحدة من اساسيات التجارة انك متقلش للزبون تعال اشتري
لا تعالي استفاد او تلمحله في ده
واحدة من الحاجات ال كانت بتتحصل امامي وحتي لو ال بيعملوها بيعملوها بالفطرة لكنها عملية قذف فكري ناجحة الا وهي القصة المروية ان قد ايه انت ناجح في تجارتك والكل مهتم يشتري منك وده بيقع تحت سد حاجة الانسان انه يعمل زي الناس انت انت مقلتلوش تعالي اشتري انت هنا جبت اهلك واهل البلد وعملو زحمة امام المتجر عشان الناس تيجي تشتري

اعرف حد بدون ذكر اسمه كان بيقولي متمشيش الزبون اعمل زحمة في المكان ...والغريب ان الشخص ده كا شخص تجاري من الدرجة الاولي انت هنا موقفتش تقوله انا ناجح لا انت اوحيلته بده من تواجد الزباين في المكان
وتاني حاجة هي في التجارة ال بتكون زي السمسرة وبيع الشقق او غيرها من المبيعات الغالية
بين للمشتري انك ثابت علي قرارك وسعرك وده بيخليه شوية يقتنع ان البيعة تمنها فيها لان ببساطة الحاجات دي بيكون غالبا ليها سعر خفي انت مش بتشتري مثلا كيلو حديد وتمنه بيتقارن بالاسعار برة لا انت بتشتري حاجة بمبلغ كبير بعض اجزائها زي الاساسات والمكونات ممكن متكونش ظاهرة وكلما ظل الشخص علي مبداه كلما ظن المشتري انه واثق فيما لديه

اتذكر احد قصص التجارة ال سمعتها من حد بيزنس مان شوية انه لما كان في اول بيعة ليه قال للزبون سعر فالزبون دخل وبيتفاوض قال سعر اقل شويتين قام السمسار ده قال طيب استاذن انا وكانه فقد الامل في البيعة لكنه واثق من منتجه كما الهم المشتري بده
بعد دقايق المشتري رجع
القصة ممكن تكون بسيطة لكن فعلا القذيفة الفكرية ال محتواها لا انا منتجي جيد وانا واثق فيه وال بتتقدم خلال قاذفة فكرية واقعية بتجيب نتيجة كويسة جدا

كمان القذائف الفكرية ممكن تكون احيانا تكون خلال انا حد مرتب وبديك ضمان تبقي منتجاتي عليها القيمة
انت عارف ال بيدي ضمان مدي الحياة ولا عشر سنين ضد عيوب الصناعة
وهو في عيب صناعة بيظهر بعد 10 سنين ..؟ وهو الزبون هيعيش 10 سنين ...؟
فكرة انك تفهم العميل بالثقة من منتجك دي حاجة مهمة وبتم بقذف فكري من خلال كلامك علي ما لديك من منتج وضمانك واحيانا من خلال اراء العملاء

1.الحرب والسلام

القذائف الفكرية المرتبطة بالحرب والسلام بتدخل شوية في منطلق السيطرة المجتمعية اكتر من السيطرة الشخصية

ولكن علي اي حال فواحدة من طرق القذف الفكري الخاصة بالسلام هي الهام العدو انك اقوي منه وهذه واحدة من الافكار التي تلقي في عقول الشعب والحاكم لتقليل من قدراته مقابل قدراتك

ربما سيكون من الغباء ان تقف وتقول نحن اقوي منكم

لكن الامر غالبا يتم من خلال التضليل المخابراتي

وليس في الابواق الاعلامية كما ربما تفعل بعض الدول

احيانا قد تسرب بعض الدول معلومات عن قدراتها العسكرية وال هي اصلا ممكن متكنش موجودة لكن بتقول ده بس وكان العدو عرف ده نتيجة خطا في السرية العسكرية لدينا فالعدو يبدا يقول اه انا عرفت المعلومات ال هما مخبينها دول اقوي مننا اكيد واحيانا الموضوع بيكون اضرب في المربوط او افكار تانية لكن اغلب هذه الافكار هي ايهام العدو انك اقوي دون التحدث عن هذا جهرا

بعض الدول قد تضع الان قواعد عسكرية في شكل مباني فارغة لتضليل الاقمار الصناعية عن القدرات لتلك الدول تخيل مثلا انك بتراقب دولة والدولة ذي مصنعة مثلا طيارات من اصدار معين بعضها حقيقي والبعض الاخر غير مجهز فقط يظهر علي الارض وبما ان الاقمار الصناعية لا يمكنها معرفة مكونات الطائرات فهي لا تفرق ربما بين الدبابات المصنوعة من الرمل او المدرعات الاخري وبين تلك الوهمية الموضوعة فقط لتظهر في شاشات مراقبة الاقمار الصناعية رغم ذلك فهناك العديد من الافكار التي تقود للسلام لكن ما سبق كان اشهرها ولعل احد اهم التقنيات المستخدمة في السلام هي ايجاد علاقات وثيقة تربط بين الشعبين مثل الطرق والانظمة البنكية والتصنيع المشترك للانظمة العسكرية وغيرها

1.القدرة والعجز

لقذائف الفكرية المرتبطة بالقدرة والعجز يمكن ان تبني بفكرة التدرج

احيانا قد تحتاج لاعطاء الشخص مهاما اكبر من استطاعته او ان يكون الوقت اقل او ان تقارن ما يفعله بما يفعله خبيرا في المجال وبالتالي يشعر الشخص العجز تخيل انك تريد نقل فكرة ان شخص ما لا يجيد الرسم ..؟ وتشعره بالعجز عن الرسم ..؟ فقط هو يرسم بشكل جيد

قارن ما يفعله بما يفعله اداة ذكاء اصطناعي او ربوت او فنان يرسم لوحات بنفس اسلوبه

لكن علي الجانب الاخر لو اردت ان تشعر احد بالقدرة فقارن ما يقدمه وخبراته بمبتديء في المجال واظهر اعجابك به وتحدث عن ان اول لوحة له كانت سيئة لكن بالتدرج بدا يتحسن

هنا انت لم تقف وتقول له انت بتعرف او مبتعرفش او انت كذا او تكلمه بشكل مباشر بل ربما تحكي له قصة حد بدا من نفس بدايته ووصل وبقي فنان مشهور

القدرة والعجز غالبا ما ترتبط بالمقارنة لامكانيات الشخص مع امكانية شخص اخر افضل منه مع تجاهل الظروف والفوارق بينهما

1.الحركة والسكون

الحركة والسكون في مجال القذائف الفكرية انما يقصد بها كيف توجه شخص للاستمرار في التقدم والعمل او التوقف عن العمل

و هنا قد يكون المطلوب ان تتوقف عن التعديلات في مشروع ما او ان تنهي المشروع تماما و الجانب الاخر ان تكمل ما تفعله من مشروع ومن فكرة ومن علاقة ربما

و هنا انت تصنع قاذفة فكرية تحوي قذيفة فكرية تحدث الشخص بان لو استمريت لكان هذا اسوء فيتوقف او ان لو استمريت لكان هذ افضل و هنا يكمل

فتخيل ان حد بيكلمك عن علاقة ما و انه مصاحب صديق وبيحب يقعد معاه وانت حكتله موقف قد ايه ان كان ليك صديق وخدمك وقت ما احتاجته او علي الجانب الاخر ما خدمكش

القصة طبعا لازم تبعد بشكل كامل عن الارتباط بكلام الشخص ده عن صديقه ابتعاد مكاني او زماني او غيره المهم انه ميحسش انك بتربط ده مع ده هنا الشخص بيكون فكرة جوه دماغه ان العلاقة دي هتكون في شكل التانية وبشكل لا واعي بياخد قرار يكمل او يوقف

وقس علي ذالك لو بيكلمك في مشروع وانت بعد شوية جبت فيديو عالتلفزيون او نشرت علي صفجتك ال هو متابعها قصة تقول ان المشروع الفلاني فشل المهم تحاول تفصل بين الاتنين شكليا وتربطهم فكريا

1.1 الكفر والتدين

الكفر والتدين في القاذفات الفكرية شيء غير مرحب بيه وربما يكون غير ناجح بالمرة لانه هنا انت بتوجه شخص انه يؤمن بحاجة عن ظاهر قلب خلصت كده ومتفكرش تعملها تاني بعد اذنك

1.1 التعليم والتعلم

هل سالت نفسك لماذا تتعلم يوما ما .؟

هل سالت نفسك يوما لماذا تذهب للمدرسة والثانوية والجامعة والكورس الفلاني والدورات التدريبية ام انك دايما بتسال ازاي اتعلم ..؟

واحدة من الافكار المزروعة لدينا او النامية في وجداننا لا اعرف هل زرعت ام انها نمت نتيجة التطور البشري ..؟هي حبنا للتعلم

ورغم اننا احيانا نقرر عاوزين نغيب مكسلين نروح الدورة التدريبية او معندناش شغف نذاكر او او او

وده لانه ببساطة احيانا بنكون رغم حبنا في التعلم بس مش عارفين هدفنا في التعلم

انت رايح الجامعة وقاعد من 7 او تمانية الصبح لاخر اليوم وربما ساعتين وروحت تذاكر في البيت

وانت مش فاهم تقريبا ايه ال بيحصل ربما البعض فاهم

او يعتقد انه

فاهم ..؟

لكن برده انت رايح الجامعة ليه رغم ان كتير من الناس نجحو في الحياة من دون الذهاب للجامعة وان اغلب الارباح في التجارة وانت مش بتدرس التجارة في الجامعة

الحقيقة المرة ان كتير منا بروح الجامعة لانه شايف ان الجامعة طريقة يتعلم بيها لكن يتعلم ايه وازاي وليه لا مش مهم

التعلم بيتم من خلال ادخال معلومات او محاولة ادخال معلومات فقط الي عقلك دون تمييز وكأن كل الموجودين في حاجة للمعلومة ويمكنهم استيعابها

علي الجانب الاخر التعلم الحقيقي ال بتكلم عنه هنا هو انك بتبحث وتدور بنفسك عن المعلومة

التعليم ال اقصده هو عملية تعليم نشطة يمكن ان ترتقي للبحث العلمي

تعليم بهدف

تعليم هيخليك تقدر تفهم المشكلة وتحلها في مجال ما

مش تعليم عشان تكون ترس في جهاز كبير اسمه الحياة ده اسمه دكتور وده اسمه فني اسمه كهربة خالص

عشان كده لما نتكلم عن القذائف الفكرية في التعليم

فلا حاجة لنا بها

لكن علي الجانب الاخر من العنوان في كلمة مشابهة اسمها التعلم بدون ياء ودي هي العملية النشطة ال ممكن نستخدم فيها القذائف الفكرية

العملية دي بتفترض انك بتنتقي المحاضرات ال بتحضرها والتخصص ال مهتم بيه او بشكل اخر ال انت شايفه في عجز ومحتاج تكمل العجز ده

و هنا انت ال بتقرر ايه ال هتتعلمه بناءا علي هدف لديك انت ال رسمته وانت ال حددت خطواته مش تعليم خالص في شكل طلبة رايحين كلهم بيسمعو نفس الكلام وبيمتحنو بنفس الشكل ومطلوب يضعو نفس الاجابة ويبداو التعريف بنفس الكلمة خالص

ورغم ان الكاتب علي دراية ان التعليم مهم لغاية معرفة القرائة والكتابة لان دي طريقة تواصل بينا وبين بعض وهي طريقة التعلم الاساسية

لكن بعد كده كتابك وقلمك و عيش

والنهاردة يمكن مبقتش محتاج قلم ولا كتاب انما تليفون

فقط تليفون او اي جهاز متصل بالانترنت او عليه مصادر للتعلم

واكبر مثال علي التعلم الحقيقي هو قرائتك للكتاب ده دلوقتي

لا هتمتحن عليه ولا حاجة بس انت حابب تتعلم حاجة معينة ومهارة معينة ربما تخدم هدفك في الحياة بشكل ما

لذا فالقذائف الفكرية في مجال التعليم غير موجودة في مجال التعلم يمكن ان تستخدمها علي نفسك او علي غيرك علي حد سواء وهي زرع اهداف معينة للشخص او لك وحيث كانت اهدافك واضحة او اهدافه واضحة وهو شخص عاقل كفاية فهو هيبحث ازاي يعمل ده

وازي يحقق ده وبمعرفة بسيطة بضرورة التعلم مما وصل اليه الاخرون وان لا يخترع العجلة سيكون عليه البحث في طرق نجاح غيره ومن خلالها يقدر يوصل لل هو عاوزه وال هي عاوزاه

1.كيف ....؟ام لماذا ....؟

واحدة من اهم القذائف الفكرية المستخدمة في مبادئ السيطرة في الفكر المعاصر هي

ان نوجه الشخص ليسال كيف بدلا من ان يسال لماذا

لماذ ؟

لان ببساطة حين يسال الشخص كيف كانه يقول لعقله انت مؤمن بالفكرة وبالحاجة للتنفيذ فقط انت بحاجة لمعرفة طريقة التنفيذ

هنا الشخص يتجاهل ربما المشكلة الاساسية التي ربما هو اصلا لم يسمع عنها اتذكر الفيل الزي طلب منا ادخاله للغرفة .؟

اتذكر هذا السائق الذي كسر اشارة المرور وفكرت انت في تعليمه القيادة وتغليظ العقوبة دون ان تعرف حتي انه كسر الشارة عشان كان مستعجل عالشغل ونام متاخر

1. لماذا ....؟ خمس مرات علي الاقل

اول خطأ يقع فيه الانسان هو نسيان هذا السؤال لماذ ... ؟
قولي لماذا ؟؟
لانه بيفقد المعرفة بالمشكلة الاساسية
وبيبدا بتكوين مشكلة بسيطة مفادها كيف افعل
لكن هنا وجب التفرقة بين موقفين حقيقة
في بعض الاحيان قد تضطر للسؤال كيف قبل لماذا
وهي حالات الطواريء فقط
لماذا ؟
لان هنا بيكون عليك الخروج من الازمة ومن ثمة معرفة سبب الوقوع فيها
فلا يمكن ان انا واقع من طيارة او حاصلي مشكلة طارئة واقعد افكر في السبب
حل الطاريء وبعدين اسال ليه حصل وحقق زي مانت عاوز لكن حين يكون امامك وقت كافي
عاوز تدرس حاجة او تغير شغلك او تحل مشكلة التلوث بتاعة الارض او تعالج مريض بمرض مزمن او او الخ
هنا اسال لماذا
لماذا ..؟
لان ده هيوصلك للمشكلة الاساسية وال طرق حلها هيكون اسهل واكثر سبلا من التفكير في المشكلة السطحية
فمثلا ابنك مش عاوز يروح لمدرسة قبل السؤال كيف اقنعه
افهم ليه هو مش عاوز يروح وتتبع السبب ربما خمس مرات لان حل المشكلة السطحية دون لاساسية ربما يفاقم الوضع بدلا من ان يحله

1. احمي عقلك افهم عقلهم انطلق

ده كان شعار الكتاب اصلا لو بصيت فوق في الصفحة هتشوفه الا لو كنت بتقرا الكتاب بصيغة ايباب لكن علي اي حال ففي هذا الكتاب العديد من الافكار الجريءة جدا وان مكنتش تحمي عقلك قبل استخدامه فهتكون انت اول ضحية ليه لان ببساطة هتكون فيه ارتدادات عكسية عليك
اول خطوة انت عملتها بالفعل وهي انك بقي عندك معرفة بده وتاني خطوة بقت موجودة وهي ارادتك في حماية عقلك متاكد انها موجودة الخطوة التالتة بقي وال بتعتمد عليك انك تتعمق في ال بتقراه قبل ما تعمله عشان تفهمه كويس واسال ديما لماذا
لماذا هذه الخطوة ..؟
ثم تاتي النقطة التالية افهم عقلهم انت ربما بدات تفهم كيف يفكر عقلك وكيف تفكر العقول بصفة عامة لكن الفصل القادم سنتعمق بعض الشيء تحت عنوان فهم الفكر وتوجيه الفعل

27. الخلاصة

في هذا الفصل ناقشنا النقطة الاهم والمصطلح الاكثر عمقا في الكتاب وهو القاذفات الفكرية والقذائف الفكرية والقذف الفكري وكيف نتبع عملية ترويض العقل بهذه المسميات

والاهم من ذلك كله هو القذائف الفكرية الشهيرة ربما تعمقنا في مقدمة الفصل لنقدم نظرة شاملة عن محتوي الكتاب ككل وكذلك تحدثنا عن تطور القذائف الفكرية وتطور العقل ضد القذائف الفكرية وتعمقنا في مسالة كيف ام لماذا وكانت دعوة واضحة للوقوف وسؤال نفسك هل تم قذف عقلك مسبقا

كما تعمقنا بعض الشيء في الفرق بين التعليم والتعلم وكيف ان اهداف التعلم هي من توجهنا للنجاح في التعلم علي عكس التعليم ال لا بد ان ينتهي بتعلم القراءة والكتابة ومعرفة الحاجة للتعلم والاستفادة من الاخرين وناقشن سؤال هل ينفع اننا نستخدم القاذفات الفكرية في الدعوات للاديان وكانت الاجابة عفوية لكنها نابعة من ايمان حقيقي بالاجابة لا بكل تأكيد

الفصل السادس : فهم الفكر وتوجيه الفعل

1.مقدمة للفصل

في هذا الفصل وبعد ان ناقشنا في الفصل السابق القاذفات الفكرية وغيرها اضفنا هذا الفصل للتأكد من فهم القاريء افكار العقل جيدا ومن ثم التعرف علي توجيه الافعال البشرية

في هذا الفصل سنناقش مصطلحات مثل التقليد والاستحسان والعاطفة والاعتياد والحاجة وغيرها وسنتاول بعض الدراسات التي تمت في نطاق دراسة فهم السلوك الانساني ربما هي واحدة من ضمن العشرات من الدراسات لكن كان لازم نلقي نظرة علي بعض هذه الدراسات ونناقش ايضا افكار مثل القناع والكذب المباح وغيرها لنقول ان كل شيء لابد ان يكون بدراسة قبل البدا في التنفيذ ولكي يترسخ السؤال لماذا في عقلك

1.لماذا ....؟

في هذا الجزء كما اعتدنا

هذا الفصل يناقش بعمق فهم العقل البشري وما يوجهه نحو قرار من مجموعة قرارات ليجعل القاريء علي دراية عميقة بكيفية التفكير وما يقود تفكيره وما يقود تفكير الاشخاص بصفة عامة ويكون ايضا علي دراية بالطريقة التي جمع بها معلوماته خلال هذا الكتاب

كما يوضح ايضا افكار ومصطلحات تصب في فهم القاري بمعرفة عميقة لدراسة السلوك الانساني وتحليل سلوك الاشخاص بصفة عامة وتجعل لديه روح البحث والتعمق بنفسه ليحلل سلوكيات الاشخاص مستقبلا ويستخرج بنفسه المزيد من طرق السيطرة علي الفكر وتوجيه الفعل

1.تعريف

فهم الفكر وتوجيه الفعل هما عمليتان متصلتان في اطار السيطرة علي العقول تبدا بتحليل سلوك الاشخاص وفهم دوافع الشخص وحاجاته وتحول من تلك الدوافع والحاجات ادوات لتوجيهه وترويض عقله وقذف فكره فيما بعد وهي عملية قد تستمر من ربع او نصف ساعة تقريبا الي عدة اشهر ربما حسب كل موقف

1.التقليد

التقليد في اطار كتاب مبادئ السيطرة في الفكر المعاصر وفي اطار الدراسات ال تمت خلال ما يقرب من سبع سنوات منذ 2017 وحتي الان وانا اكتب هذا الفصل في اواخر ديسمبر 2023 ربما يسيطر علي اغلب شعوب المنطقة التي اعيش فيها وحين اضطلع علي الاخبار او حين انزل الشارع

الموضوع قد يكون بسيط بالنسبة لك الان

ما المشكلة من ان يقلد شبابا مثلا لاعب كرة مشهور

او ان يرتدي طفل ملابس ممثل معروف

لكن الامر في التقليد يتعدي ذلك بكثير

منذ فترة كنت رايح الجامعة وشوفت حوالي 10 اشخاص لابسين نفس البنطلون الابيض والقميص الاسود

لكن الغريب ان ده مكانش زي معروف مثلا لمدرسة او عمل

والغريب انهم كانو ماشيين في اتجاهات توحي بانهم ملهمش اي علاقة ببعض

تخيل وسط البرد ده شباب بتلبس بنطلونات بيضاء

رغم انها من المعروف ان البنطلونات البيضاء بتعكس الشمس بالتالي بتخلي الانسان ييرد بعكس الالوان الغامقة

لكن لما فكرت شوية وبدات اسال ليه

لقيت ان تقريبا يعني رغم اختلاف طبيعة شغل الشباب دول او لنقل اباءهم واختلاف وجهاتهم واختلاف حاجات كتيرة جدا فتقريبا كلهم بقو بيشوفو نفس الترند في نفس الوقت

وتقريبا كلهم ممكن يكونو شافو مغني راب مشهور وكلهم شافو ماتش كورة في نفس الوقت

وده ال خلاهم ياخدو قرارات مشابهة رغم انهم ما يعرفوش بعض اصلا

الحقيقة ان تعرض الانسان لنفس الظروف وانه ياخد نفس القرارات ممكن يكون محل دراسة من كتير من العلماء

لكن علي اي حال ورغم اني حقيقة مبحثتش عن اجابة للسؤال ده من خلال تجربة ....اقدر اقولك بكل ثقة ان التقليد احيانا بيكون نتيجة تاثير او تعرض مجموعة من الاشخاص لنفس الظروف تقريبا وبالتالي هو ده ال بيخليهم ياخدو نفس القرارات

وهنا ممكن يكونو بيقلدو شخص ما لكن كمان ممكن يكون تعرض ادمغتهم او لنقل عقولهم لنفس الظروف وبالتالي التفكير بنفس الطريقة ومع ان هم ميعرفوش بعض فكانت لديهم خبرات متشابهة فبالتالي بياخدو نفس القرار بانهم ينزلو ببنطلون ابيض وقميص اسود

التقليد ممكن يكون ظاهرة فعلا مخزية

لكن مش المشكلة ابدا في مجموعة من الشباب لبسو نفس اللون

خالص

احنا بقينا بنشوف شركات بتنافس شركات تانية بعد ابتكار الاولي لمنتج خلال ايام بس

مش هتكلم مين ال عمل المشروع الاول ومين التاني مش هيفرق لكن المشكلة هي ليه الناس بقت تفكر في التقليد اصلا

يعني لما تشوف شارع طويل عريض مفهوش محل بقالة وتلاقي حد فتح عادي جدا محل بقالة فتاقي اربعة في نفس الشارع فكرو في نفس الفكرة

طيب ما الشارع ممكن يكون عاوز مقهي وصيدلية وعاوز محل حلويات او جزار

وقيس علي ده بقينا بنشوف نماذج شركات وشركات منافسة ليها

الفرق ليس في المنتج وليس في الجودة وليس في اي حاجة فقط في شكل الشعار من ام لدبليو فقط

واكبردليل علي موضوع التقليد هو ما يسمي بالترند حاليا

نشوف احيانا نداء علي التواصل الاجتماعي

اقتصو من القاتل ونلاقي الاف من الناس بتدعم

فكلو يدعم

وبعدين نلاقي ترند ارحمو فلان وناس بتنشر والاف بيدعمو ونفس ال دعمو ده هم ال دعمو ده

وكأن كلهم بقو يسالو اول ما يشوفو حاجة ازاي نعملها وينسو سؤال ليه نعملها

والتقليد احيانا بيرتقي لجريمة في حق نفسك او غيرك

انت بتكون بتقول " لا تركيز ايه ده 100 الف اعجاب "

اعجاب انا كمان هي جات علي

بعيدا عن انت قريت قد ايه

او حتي قريت ولا رديت والصورة بتحمل لسا

التقليد مش بس في الشباب ال ممكن نقول طايش

لا ده في ناس بتحب تجامل بالتقليد

يعني بوست مثلا بقاله 3 سنين بيتم اعادة نشره علي لينكدان بلينكات لكورسات مجانية

اتذكر دخلت في مرة لقيت البوست والكورسات ال كانت مجانية بقت 60 المية اللينكات مفتحتش ولينكات

تانية كانت الكورسات بقت بفلوس

وكله بيجامل وكله يشارك مش كله في الواقع لكن اغلبية ساحقة

لكن ما هو الدافع هل الدافع هو الظهور مثل العامة

ام الدافع كل واحد لما بيعمل كده بيكون حابب يظهر انه مميز ولما كلهم بيعمله ده في وقت واحد فبيظهر انه تقليد

لا اعرف الاجابة حقيقة لكن ما يهمني هو ان ركوب الترند هو حاليا افضل اداة تسويقية للمنتجات

و هذا هو التفكير بتحليل سوت لو تذكر

لدينا موقف اسال لماذا ما دام هو ليس طارئ لكن في النهاية فكر كيف تستفاد من الموقف

تقليد...... الكل يقلد

هذا موقف لكن ما الميزة ...؟

كيف استفاد منه ...؟

لو كان هذا هو سؤالك في كل معلومة تصل اليك او تعرفها عن شخص

السؤال الاول لماذا مادام الامر ليس طاراى

السؤال الثاني كيف استفاد من الموقف ....؟

1.1 الاستحسان

الاستحسان هو ببساطة انك تشوف سلوك فيعجبك او منتج فيعجبك او شخص او انثي فتعجبك او رجل ان كنت بنت

لكن ماذا بعد الاستحسان ...؟

هل كل شء بنستحسنه ينفع نقغ ونعجب بيه...؟

ايوه ..؟!

تبقي مغفل ..!

الاستحسان بيكون شعور داخلي

وبيكون من وجهة نظرك انت بس في اطار معلوماتك انت

مش معني انك بنت وشفتي واحدة حد عاكسها وقطعت وشه بسلاح ابيض ولا بخاتم تبقي واو ايه ده بنت ب100 راجل

انت متعرفيش القصة كاملة

مش معني انك شوفت واحد شاف حد معهوش اجرة في القطر وقام دفع يبقي هو بطل خرافي

ممكن يكون هو ال سرق الراجل يعني

من فترة كده اتحكالي موقف ان دكتور جامعي سرق بحث من بنت معيدة في قسم ونشره باسمه

يا حرام والبنت عملت ايه

عملت بحث جديد ونشرته ونجحت

واو

بس دي قصة اتحكت ممكن جدا تكون كدباية

كون انك تستحسن حاجة لا يعني ابدا انها صح 100 ولا حتي 50 ال100 انت بس بتحكم من وجهة نظرك

في صورة دايما بتاجي في دماغي لجبل تلج كبير جدا ظاهر منه جزء صغير

تخيل انك بس بتشوف الجزء الصغير ده وبتحكم علي الموقف

دايما لما تعجب بحاجة خلي دي مشاعر داخلية لان دي ممكن تكون اصلا مينفعش تتقال زي انك تعجب بست اصلا وهي متجوزة والامر التاني وال يهمنا هو انك لما شوفت حد عمل حاجة كويسة وقولت الشخص ده كويس عملت قذيفة فكرية في دماغك غبية جدا

اه والله

انت قولت لنفسك لاعب الكورة ده انا معجب بيه

الحقيقة انت مش معجب بيه ...!

انت معجب بمهارته الكرويةهتفرق ..؟

ايوه لانه بعد كده لو في موقف سياسي حصل ولقيت لاعب الكورة ده معملش ال انت متوقعه منه هتتشتت

طب وانت هتتوقع منه ايه

هتتوقع منه انه ينفذ ال انت فكرت فيه خلال القذيفة الفكرية ال وضعتها بنفسك جوه دماغك

انت لما بتمدح فرد بتمدحه عشان مهارة معينة موقف معين او فكرة او جانب معين

خليك بقي علي المبدا ده وانت بتتكلم قول انا عجبني لعب اللاعب ده في الماتش

طيب ليه تاني ...؟

لانك لما عممت وقولت عجبني اللاعب اتحول اللاعب ده من لاعب بيلعب كويس ولديه مساوئ وحاجات تانية مش عاجباك للاعب بيلعب كويس وهو كله كويس وبالتالي لما في موقف سياسي معين يخالف رايك ساعتها هتفكر ازاي...؟ دا انا كنت فاكره كويس وتشوف انك كنت غلطان وده بيخليك تقول انا غلطان مكنش ليا حق ....!

الموضوع ممكن يكون بسيط بس بنتكلم عنه ليه ..؟

لانه لو كل شوية هتستحسن موقف من شخص هتقول الشخص ده كويس بعد شوية يعمل حاجة متعجبكش فتقول مكنش ليا حق

وتشك في نفسك

والاغرب من كده ان انت لما ما كنتش دقيق في كلامك لما حولت استحسانك من استحسان للموقف للاستحسان للشخص او الشيء كله بقيت تعلي توقعاتك منهم فتفترض انه هيعمل اكتر من القدرات الطبيعية ليه كانسان اصلا ولما ما يعملش ترجع تزعل وتقول خذلني

يعني لما تطلب من صاحبك خدمة ويرضي يعملها

وانت بدل ما تقول صاحبي عمل موقف كويس...

لا ... صاحبي كان كويس

لوطلبت المرة الجاية حاجة ومعملهاش هتزعل لانك كونت فكة انه كويس بالكامل وعليت سقف طموحك فيه عشان كده كن دقيق

لان كل كلمة بتقولها عقلك بيحتفظ بيها تخيل انه بيحتفظ بكلام الناس مش هيحتفظ بكلامك

اعتقد وضح مقصدي من الكلام

1.العاطفة

العاطفة كتير جدا بتوجه افكارنا نحو قرارات معينة خصوصا علاقة البنات بالجنس الاخر ال هو الشباب وبتقدير اقل بتوجه قرارات الشباب عاطفتهم نحو البنات وبتقدير اقل عاطفة النساء بين بعضهن البعض والاقل تقدير هي توجيه العاطفة لقراراتنا احنا كرجالة مع بعض رغم ما قد يثار من افكار حول عاطفة مجتمع الميم لكن حقيقة لم التقي احد منهم لاتحدث عن العواطف بينهم البعض لكن علي اي حال

خلونا نناقش فكرة العاطفة

احيانا بتقابل شخص وبتاخد قرار تقعد معاه وتقول انا مرتحله

او تقابل حد وتقول لا ده مش طايقه

وكتير من قراراتك بتكون علي الاساس ده وال بنسميه احيانا الشخصنة لان انت بتاخد قرار ناحية شخص نتيجة انك مش مكون مشاعر ايجابية ناحيته

او اصل انا بتشائم من كذا

في بعض المجتمعات وصل الامر لانهم يتشامو من الزواج يوم الاربعاء

وده احيانا بيكون بسبب خبراتنا السابقة في التعامل مع الشخص ده واننا استحسناه

فاكر المصطلح ده انت استحسنت الشخص كله

او حصلت حاجة كويسة لشخص يوم فاستحسن اليوم او الجانب الاخر تشاءم اليوم فالباقي بيقلد بقي

لكن مشكلة العاطفة الحقيقية هي حينما تاخذ قرار لا تستطيع تبرير سببه

لما تتسأل دخلت كلية كذا ليه وانت في سنة تانية وتسمع اصل بحبها

ولما تسال حد اتجوزت دي ليه ويقولك اصل بحبها

او شخص تاني خد قرار ليه

اصلي مش بحب كذا

الغريب ان اغلب الاحيان اجابات من النوع ده بتكون تغطية علي اجابة حقيقية واضحة ولكننا لا نرها وهي لا انا معرفش انا دخلت الكلية دي لي ولا انا معرفش انا وافقت اتجوز فلان ليه يمكن حبا في الزواج او خوفا من العنس

لكن حتي وان كانت احيانا مشاعر الحب بتكون ليها معاني بين الاشخاص

فاحيان اخري بتكون ليس لها اي معني

زي ما ناقشنا في علاقة فوزي ونسمة قبل كده

هنا احنا نتجنب في قراراتنا العواطف

ليه...؟

لانها بتبعدنا عن القرارات المنطقية وبتخلينا نستسهل احيانا التفكير السطحي بدل الاعمق

وكمان لانها احد ادوات ترويد العقل

بالتاكيد في مشاعر مفهومة من عاطفة الامومة والابوة وصلة الارحام والزوجة والخطوبة وربما الرموز الدينية والمقدسات لكن ما عدا ذلك

عواطفك ناحية الجنس الاخر بالتاكيد في العمل والدراسة ليس لها اي مدلول وقس علي ذلك

1.االاعتياد

والاعتياد او العادة هو ما قد يكون بالنسبة للكثير منا يمثل اغلب ما يقوم به في يومه منذ الاستيقاظ من نومه

هو روتين يومي ربما في ذهن البعض و لاحقة كلامية زي مش كده برده ولا ايه لدي البعض

وزيارة لمكان ما كل مدة من الزمن المهم انه شيء يتكرر

وليس المهم كيف يتكرر بل لماذا يتكرر

ربما تكرار الفعل في لاعتياد او العادة هو بمثابة حاجة متكررة وبالتالي تكون الاستجابة بتكرار سد الحاجة

ربما اعتياد دخول الحمام في الصباح او النوم علي اليمين او الاكل بالشوكة والسكينة

علي اية حال فليس هذا موضوعنا من الحديث عن الاعتياد انما حديثنا هو لماذا تكرر عادة ما

ده مش سؤال هجاوب عليه لكن جاوب انت

ومن هنا فكر في هل كل عاداتك تخدمك ام انك فقط اعتدت عليها وتفعلها

هل كل عاداتك عادات صحية

هل اعتدت ان تفكر قبل ان تتحدث

هل اعتدت ان تسال لماذا

هل اعتدت ان تنظر لما لديك

وان تحلل الموقف من كل المناظير ولا النور قطع

يووو كده مش هعرف اعمل كذا

الان انت تقرا عن الاعتياد

كيف تستفاد من العادة بصفة عامة

ببساطة تضع العادات التي تخدم عقلك و انصحك بكتاب العادات السبع للمراهقين وان كنت متاكد من انك لم تعد مراهقا

لكن كيف تستفاد من الاعتياد في مجال السيطرة

هذا ايضا سؤال مفتوح ساترك لك مكان كافيا للاجابة فكر بعمق الان

1.الحاجة

الحاجة الانسانية هي ما تدفعنا للسلوك ...لقد كررنا هذا في اجزاء متفرقة من الكتاب

لكن السؤال الاهم هل ما نعتبره حاجة انسانية ونسعي اليه هو في الواقع حاجة ضرورية ام ان هناك الكثير من الحاجات التي نفكر فيها ليست بالضرورة الكافية لنحتاج اليها

وانا هنا لا اتحدث بالتاكيد عن حاجات الرفاهية وسيارة احدث موديل ووو الخ

انا عارف انك ممعكش ده

لكن هل انت بحاجة لتضع اعجاب علي منشور فيسبوك

ام انها العادة ام التقليد ام الاستحسان

ايا كان فكلها قد تكون بلا معني

واياك ان تكون العاطفة او ان يكون قلب احمر علي كلام بنت او قلب ازرق علي كلام ولد

هل انت بحاجة لفعل ذلك

بصراحة ايوه لانك بتقوله بشكل ما شكرا

ماذا لو كان هذا الشخص يمكن مقابلته وان تقول له شكرا وجها لوجها أتكتب له شكرا ...؟

لكن هذا ليس المهم هنا انا اتحدث عن الحاجات

هل فعلا انت بحاجة الي ان تجلس وتشغبط في حتة في جانب الكتاب فعلا وترسم فيها

ما لو حابب الرسم اقفل الكتاب واقعد ارسم

هل فعلا كل ما تفعله هو لسد حاجتك انت او بشكل ما يمثل حفر من اجل البناء حتي ..؟

ام انها عادة لمجرد التعود والاستحسان والعاطفة وانك ما تزعلش فلان ..؟

السؤال الاوضح هل بتعرف تقول لا لما بتسمع طلب معين وتفكر لماذا افعل ولما ما تلقاش اجابة بتقول لا

انا هنا مش بتكلم انك بتعمل صدقة او عمل خيري خالص ده سببه ديني

انا بتكلم عن الحاجات ال ليس لها تفسير منطقي وانت بتعملها

يعني بتنزل مثلا تشرب مياه غازية ليه

ما لو عطشان بتجيب مايه ولو جعان بتجيب اكل

انما بتشرب ماية غازية ليه ..؟

عندك اجابة ..؟

والمهم الاجابة دي فعلا منطقية ولا انت تحركت بعاطفة واعتياد وهتستخدم مهاراتك العقلية عشان تبرر الافعال دي ...؟!

السؤال الاصعب والاعمق هل انت فعلا بتفكر كل فعل انت بتعمله بتعمله ليه ...؟ومين ال بيدفعك للفعل ده..؟ وهل الفعل ده بيخدم اهدافك ..؟

الحاجات الانسانية مجرد ادوات بنستخدمها عشان نوصل لاهدافنا وبما ان الادوات دي ممكن ما تكونش معانا فبنطر نصنعها او نشتريها وبالتالي بتصبح لنا حاجة اليها

ورغم ان في اجابة لمحتلها قبل كده ان كل حاجة في الدنيا ليها ميزة وليها عيب وبالتالي كل حاجة في الدنيا او بمصطلح اخر اي شيء علي وجه الارض يمكن ان يكون بمقدار ما يخدم مصالحنا واهدافنا

يعني الماية الغازية ممكن تكون فيها كربو هيدرات تسد الجوع وسوائل تسد العطش

بس هل هي اولوية يعني ما انا ممكن بتمنها اسد الجوع ببسكوت و اسد العطش بماية
فهمت انك كتير من الاحيان بتكون متوجه من دون ان تدري ..؟!
انا هكون جريء شوية و اسال سؤال اعمق و اسيبه مفتوح من غير اجابة عشان تكون صريح مع نفسك
ايه العلاقة بين مشاهدتك للكورة و الماتشات وبين قضاء حاجتك الانسانية
ليه بتشوف ماتشات كورة ...؟
مش هقول اجابة وفكر انت
لكن في تحليل مهم انه بما ان الاغلبية بتشجع الكورة فالحديث عن الكورة في اي مناسبة يمكن ان تثير حماس
الحاضرين وخصوصا الناس ال في سن ال20 وخصوصا لو في فترة كاس العالم او الدوري الاوروبي

1.التلميح

التلميح او لفت النظر بشكل غير مباشر يستخدم كثيرا في القذف الفكري للتسهيل لتلقي الشخص القذيفة الفكرية
لكن احيانا تختلف مستويات التلميح لان في ناس ممكن يكونو تركيزهم في التفاصيل قليل شوية وبالتالي من
الصعب استخدام التلميح معهم بالتالي بتزيد حدة التلميح تدريجيا لكن بتقف عند حد فاصل بين التلميح و الذكر المباشر
لكن اللافت للنظر هو انه مع تطور العقول البشرية اصبح الاختلاف في مستوي فهم التلميح كبير جدا وخصوصا
مع المشتتات فالاشخاص بقي عندهم قدرة كبيرة علي ملاحظة التلميح كتكيف طبيعي مع المشتتات الكتيرة ولكن ايضا
بزيادة المشتتات دي بيزيد عدد الناس ال بتعجز عن ملاحظة التلميح وده احد تحديات القذف الفكري

1.القشة التي قسمت ظهر البعير

بص هو العنوان هنا مجرد لفت نظر لكن ببساطة انا بتكلم هنا عن ان بداية القذف الفكري ممكن تكون فكرة بسيطة
زي انت مش محبوب وزي موضحنا بداية التغيير فكرة
متخيل ان فكرة مع مرور الزمن بتتحول لاسلوب حياة
انت متخيل ان في حروب ممكن تقوم بسبب كلمة
في واحدة من اروع الامثلة في الموضوع ده احيانا سباقات الاحصنة بيكسب حصان والتاني بياخد مركز تاني
ورغم فرق الجائزة الكبير الا انه الفرق هو كما يصف بعض الكتاب انف حصان
بالتالي لما بنحط خطة بتكون منقسمة لالف خطوة ربما كل خطوة هي بمثابة جزء نحو الهدف لكن اول خطوة ان
تمسك بالقلم وان تكتب خطة اصلا هي بمثابة القشة التي قسمت ظهر البعير او العكس
لان بعد اول خطوة اصبحت لديك كل الخطوات واضحة وانت بالتالي في عملية السيطرة علي العقول لما بتلقي
قذيفة فكرية دي خطوة لكن لما بتقف وتجهز خطة انك هتحلل سلوك الشخص وازاي هتروض عقله فدي اول خطوة
وهي بمثابة القشة التي قسمت ظهر البعير لان بعد وضع الخطة او لنقل بعد الفكرة اصلا اصبح كل شيء خطوات كل
منها يتبع الاخر عشان كده فكر كويس قبل اول خطوة لانها الاهم

1.ت‍حليل DISC

تحليل نفسي يحدد طريقة تفكير الشخص ما يوثر فيه واهتماماته ولا ينصح بمشاركة النتائج الخاصة به مع احد انه بيعرفك معلومات عن نفسك

والمفترض انه يعرفك اوجه القوة والضعف في شخصيتك

التحليل مكون من مجموعة صفات بتختار ايهم تتفق معها جدا...؟ وايهم لا تتفق معها تماما؟ وبعده يعطيك التحليل نتيجتين احدهما عن طريقة تفكيرك الطبيعية والثاني عن طريقة تفاعلك تحت تاثير التكيف ويفترض هذا التحليل ان الاشخاص نوعين نوع يهتم بالهدف ونوع يهتم بالاشخاص

رغم ان هذا مجرد نبذة لا ترتقي لشرح التحليل ولا اسئلته لكنها علي الاقل ستوجهك للبحث عن المصطلح كما اتوقع او ربما فعلت مع مصطلح مثل سر سقرات العظيم الذي ذكرته في اول الكتاب

علي اي حال هو تحليل من وضع البشر وخبراتهم المتراكمة قد يصيب وقد يخطيء وقد تستخدمه وتقول واو ده بيوصف شخصيتي بالضبط والحقيقة انو ولا بيوصف ولا حاجة انما انت لما بتقرا الصفات ال تحليل ده بيقول انها عندك بتفتكر المواقف ال تبر هن الصفات دي وبالتالي انت تري الصفات التي تقرائها وتتناسي الصفات التي لم تقراها رغم ان ده وده عندك

لكن علي اي حال خض التجربة بنفسك انا فعلت قبلك....!

المهم ان تسال هل انت بحاجة للتجربة ام انك تريد التقليد ؟

1.دراسة الفيسبوك عن قراءة العناوين

في واحدة من الدراسات ال عملتها وال عشان ما اكدبش عليك مكنش متحدد عدد المشاركين تماما او عدد ال تم اجراء التجربة عليهم او غيره

كانت فقط تجربة بسيطة عبر وسائل التواصل الاجتماعي بالتحديد فيسبوك

انا بطبيعة الحال وانت وربما كلنا في الوطن العربي لنا علاقة ومشاعر واضحة تجاه كلمة اسرائيل ولا احد ينكر هذا

كانت التجربة عبارة عن بوست مكون من 100 الي 150 كلمة تقريبا يمدح في اسرائيل وكيف انها دولة حق ووجودها حق

واضع صورة لعلم اسرائيل

ومن ثم اختم كلامي وال متفق مع كلامي ده يبقي ... وكلام شتايم

فكان من الطبيعي ان ال قاريء لما يقرا يفهم ويعلق بكلام كويس او ينتقد الاسلوب وده رد الفعل الطبيعي او لنقل المفترض في اطار العقل والتركيز

لكن ال حصل هو ان قرابة ال200 شخص دخلو وعملو اغضبني علي المنشور وال عمل حذف للصداقة وال كان بيعمل ابلاغ عن الصفحة وال كان بيقول ازاي الاشكال الوسخة دي تكون اصدقاء عندي وكلام من هذا القبيل

تعددت اشكال التعليقات حقيقة لكن 100% منها يدل علي شيء واحد ان لا احد منهم قرا حتي النهاية رغم ان البوست كله 150 كلمة بالكتير

ورغم اني شخص عربي والكلام غير منطقي انه يحصل

لكن علي اي حال كانت الردود اكبر دليل علي ان 100 في المائة لا يستطيع ان يكمل قرائة منشور من هذه الكلمات

ربما حركته مشاعر الكره للعلم ال في الصورة وربما اعماه اول سطرين ان يكمل القراءة لا اعلم

لكن بشكل ما هذا كان اكبر دليل علي ان الكل او لنقل بالتحديد كل من رد ونحو 200 شخص تقريبا لم يقرا الكلمات كاملة ولم يفكر احد في فعل ذلك

حتي صديق مقرب اتصل بي يطلب ان امسح المنشور دون ان يفكر ان يقرا ال150 كلمة

بالمناسبة هذا كان ربما في 2021

ثم كررت الموضوع في عام 2022 وكانت هناك 150 كلمة ايضا

بعد اول 75 كلمة تقريبا ذكرت ان هذا الكلام خداع واقرا للاخر

تقريبا رد عليا 100 شخص مرة تانية كتب واحد منهم فقط يا جماعة في حاجة غلط

فالمشكلة الان لم تعد في ال150 كلمة حتي ال75 كلمة لم يكملهم احد او علي الاقل لم اكملهم وفهم بخل بالحديث والتوضيح

رغم ان من لم يفهم لم يبخل باشد انواع الشتائم حتي ان البعض لم يكتفي بالشتم علي المنشور والابلاغ وازالة الصداقة بل بحث عن رقم الهاتف واتصل للشتم مخصوص

الم يكن اولي اكمال القراءة ..؟!

1.القناع

ليس كل ما يعرف يقال كما يقولون فكلا منا يرتدي قناعا علي وجهه يخفي ملامحه الاساسية في التفكير

كل منا يخرج من بيته البعض بنظارة شمس والبعض بساعة من اغلي الماركات والبعض بكوب قهوة والبعض بقميص فاره والبعض معلق احدث الهواتف والاخريات تعلقن الذهب علي صدورهن

وانا حقيقة لا اعرف ما فائدة ساعة ثمنها اكثر من 100 جنيه بتعيش شويتين خليها الف جنيه دا لو بتصور وبتتكلم

لكن انك تشتري ساعة وتقول منظر

اي حاجة من حاجتك الانسانية تسد هذه الساعة

ناهيك عن البنطلون المقطع اي حاجة يسد لا اعلم

لكن الاغرب لم ياتي بعد

....

لكن القناع ليس فقط في ملابسك ولا في الادوات التي تستخدمها

هناك اقنعة اخرة من لوي اللسان او الحديث وكانك ملياردير وربما محاولة اظهار انك الافضل وتملقك بهذا

انا عارف كويس جدا ان مظهرك بيخدم لاقناع انك مميز وجزاب وعارف بالتاكيد ان الساعة ال انت لابسها هتجذب الانتباه زيها زي البرفان ال انت حاطه او البلوزة ال انتي لابساها

بس انا هنا مش بتكلم عشان حضرتك ما تعملش ده

لا بالعكس اعمل ده انت محتاج القناع ال هيظهرك بالشكل الانيق ده بس بناءا علي هدفك

يعني هتلبس ساعة تجذب الانتباه يبقي ام الف زي ام 100 التقليد

والخاتم الذهب نفس الصيني

فلما تعرف انت بتعمل ده ليه وتسال لماذا هتلاقي الف طريقة ارخص واوفر واسهل تلبس بيها القناع ده عشان كده

قولتلك في الاول ليس كل ما يعرف يقال

انما انت بتظهر بالمظهر ال يخدم الافكار ال عاوز تقدمها لل قدامك

فلو تفتكر فوزي كان محتاج يظهر نزيه وام احمد كانت محتاجة تظهر دايما لابسة دهب عشان تخدم الفكرة ال بتقدمها

1.1 التكيف

التكيف من اكثر المصطلحات ال بيتم ذكرها علي انها سلوك كويس دايما وانها اداة للتعامل مع المشاكل و الكثير من الناس بيقيسو قوة الشخص بقدرته علي التكيف مع الازمات

وهو ده المطلوب تزرعه في عقل اي شخص قبل ما تعمله قذف فكري

تكيف مع الموقف

دلوقتي بقيت بتروح شغلانة معينة والظروف السكنية للعمال او ال شغالين مش تمام ويتقاللك تكيف مع الموقف او ان المدير بيزعق وخلاص ويتقالك تكيف مع الموقف

خلينا نقول ان التكيف مهارة كويسة فعلا بس مع الظروف الخارجة عن ارادتنا لحد ما تكون عندنا قدرة علي المغادرة لكن تذكر ان الضفضع ال بيفضل يتكيف مع الظروف ويقول فترة وهتعدي ومبيقفذش من الماية السخنة وبيتكيف معاها باستمرار بتكون نهايته الموت

ولانه التكيف ممكن بالتدريج يوصلك لمرحلة من الذل انت في غني عنها

فكر جيدا لماذا اتكيف ..؟

هل لان الظروف تحكمني..؟

هل ليس لدي امكانية للمغادة ..؟

ام انني اتكيف حبا في التكيف ..؟ واني تعودت علي كده ..؟

التكيف مهارة لازمة للعمل فعلا ولكن بمقدار محدود وفي اطار الاجابة علي سؤال لماذا اتكيف مع الوضع ..؟

لان التكيف احيانا مع الظروف قد يقودك الي ان تكون في مكان مش مكانك ..

وبالتدريج ستفقد مهاراتك لانك لا تمرنها جيدا وبالتالي مع الوقت ستفقد قدرتك علي المغادرة وتصبح كل قدراتك هي للتكيف مع الظروف المحيطة وزعيق المدير وتاخر التسليم

1.1 الاستمرار

الاستمرار في الاعمال الصغيرة له اهمية ربما اكبر من الاعمال الكبيرة التي لا تستمر

اتذكر وانا احدثك في فصل القاذفات الفكرية حين قلت لك ان القذيفة الفكرية لن تستمر طول العمر

نعم ربما انت القيت قذيفة فكرية كبيرة واحدة تلو الاخري بناءا علي تحليل دقيق

لكن ماذا بعد ..؟

انت بالتاكيد بحاجة للاستمرار فيما تفعل من ترويض العقل ومن التحليل والترويض ولقذف وهكذا

وقس علي ذلك من اي شيء تفعله تحويل الفعل لسلوك او عادة سيسهل عليك تكراره وبالتالي يعظم من النتيجة

1.1 التعليم

التعلم من تجاربك السابقة بالنسبة لك قد يفيدك وتجاربك الفاشلة في الجانب الاخر من عملية السيطرة قد تؤدي لعملية عكسية للسيطرة علي عقلك والترويض وبالتالي لامجال للخطا في عملية السيطرة علي العقول فاي قذيفة فكرية خاطئة ربما تقودك لعملية تضليل فكري

وبالتالي التعلم من التجارب ربما يكون صعبا في السيطرة علي العقول لكن علي الجانب الاخر انت تتعلم كيف تحمي عقلك من سيطرة الاخرين ومن عمليات الترويض الفكري

1.حلال ولا حرام

ده سؤال مش هجاوب عليه هنا انما كان للفت الانتباه فقط ولتذكيرك بنقاش الفصل الاول من الكتاب

1.الكذب المباح

ذات مرة سألني احد ما هو الصدق ..؟
فسكت وبعدين قولتله لا والله ما اعرف
الاسئلة من النوع ده رغم انها ممكن تبان سهلة الا ان اجابتها عميقة جدا ولا يستطيع البعض منا الاجابة عليها
ما هو الصدق ..؟هو عدم الكذب وما هو الكذب هو عدم قول الصدق
هل الكذب يباح..؟ اه في الحروب وبين الزوجين وللصلح بين المتخاصمين كما اعرف
لكن هل حين يسالني احد سؤال عن معلومات شخصية مش حابب اجاوبها واتجاهله او انسيه السؤال او اساله سؤال مثله ده عادي ..؟
الحقيقة معرفش
لكن علي الاقل لدي اجابة جاهزة لن يفيدك معرفة رايي هنا
فقط فكر متي يمكنك قول كلام غير الحقيقة بعيدا عن رايي

1.الأنسان والالة والذكاء لاصطناعي

ذات مرة سالني صديق مقرب وقالي يا احمد هو ازاي بيسموه الذكاء الاصطناعي وهو اصلا فكرة البرمجة ال احنا نعرفها من زمان كانت بتعمل نفس الحاجة
فسالته ازاي ده
بدا يشرحلي انه البرمجة معناها اني بجهز الالة بمجموعة من الاوامر ولما يحصل حاجة معينة يكون في امر ينفذ في الحال
وان علي اساس ده فالذكاء الاصطناعي هو مجرد برمجة متقدمة واوامر اكثر تعقيدا
والحقيقة انه كلام مقنع
يمكن كعادتي من الجدال جادلته شوية لكن اقتنعت بكلامه لانه مبني علي برهان واضح وهو ان الذكاء الاصطناعي مجرد برمجية ومجموعة من الاوامر
بس لما بحثت شوية عن تساءلات زي دي وصلت انه عبر التاريخ كان في خلاف احيانا علي فكرة هل الذكاء الاصطناعي لازم يفكر زي الانسان ولا السؤال الاهم لماذا وبالتالي الهدف منه اهم من اسئلة عن ماهيته

وكان اكثر جملة مثيرة انه ممكن الذكاء الاصطناعي ده يكون مجرد شيء يشبه الحجرة الصينية الجواها واحد مش بيعرف صيني ولكن عنده اوامر انه يخرج حروف من الصناديق بترتيب معين عند تلقي اشارات معينة

وكان احيانا سؤال عن هل اصلا العقل احيانا بيفكر بنفس التجربة وانه العقل بتكون فيه اوامر انه يخرج معلومة معينة لما يتلقي اشارات معينة..؟ ام ان العقل البشري اعمق من تلك الطريقة البسيطة المستخدمة في انظمة الذكاء الاصطناعي ده ....؟

والحقيقة ان رغم كون الكتاب لا يسأل عن هكذا الاسئلة عن ماهية العقل لانها مش من اهتمامات الكتاب الا ان الحديث حاليا عن ربط المخ البشري بشبكات فيما يسما بالنيورولينك وغيرها ممكن يكون داعي للبحث في طريقة التفكير داخل العقل البشري وازاي العقل بيخرج معلومات معينة

لكن علي اي حال نحن الان لدينا ذكاء اصطناعي

اهم ما يميزه هو انه يمكنه حفظ الاف الكتب علي عكس الانسان ال قدرته ممكن تكون محدودة لكن ربما قدرات الانسان التحليلية وقدراته علي النقد حاليا اعلي

والامر الثاني انه لدينا الان امكانية للتعايش مع انظمة الذكاء الاصطناعي وان تساعدنا ان ربما تغنينا عن اعمال كان الانسان لسنوات بحاجة الي ان يفعلها بنفسه

ورغم ان خبرات الذكاء الاصطناعي حتي الان هي خبرات من الانسان تم نقلها للذكاء الاصطناعي الا ان قدرته حتي مع هذه الخبرات ال اعطاها له الانسان قد تتفوق علي الانسان نفسه

لانه ببساطة نموذج الذكاء الاصطناعي يمكنه البحث وحفظ الاف الكتب ومن ثم لاجابة بناءا عليها وبالتالي بدلا من كون الانسان بيستفاد بس بجزء من خبرات من سبقوه لا دلوقتي بقي الذكاء الاصطناعي قادر علي انه يخزن كل الخبرات السابقة في قواعد بياناته

ورغم انه حتي الان كل اعتماده علي خبرات البشر الا انه مكن جدا خلال السنوات القادمة يكون له لقدرة علي التحليل اكتر وبالتالي الاستنتاج ومن ثم الابتكار مثل الانسان وحتي انه من صنع الانسان فابتكاراته قد تسبق تفكير الانسان بمراحل لان ما لديه من معلومات اكتر مما لدا الانسان الواحد

1.سياسة التخلي عن البعض من اجل الاخر

وده هيقودنا لسؤال مهم جدا ان كان الذكاء الاصطناعي بقي بيعمل عمليات فكرية معينة زي الترجمة وحل المسائل الرياضية وغيرها

هل هنا تختفي مهمة الاشخاص المترجمين ..؟

لانه ببساطة الانسان عبر الزمن اعتمد سياسة التخل عن شيء مقابل الاخر

الانسان زي ما اتكلمنا ليه قدرات محدودة وان كان الجرار الزراعي يمكنه حترت الارض فلا داعي لتعلم مهارة الحرت اليدوي وان كانت الالة الحاسبة يمكنها ان تجيب علي سؤال 171 *165 فهنا لا داعي للانسان ان يحفظ هذه العمليات او جداول الضرب لانه ببساطة الالة بتعمل ده والانسان بيكيف نفسه انه يتعلم مهارات اصعب وده منطقي

لكن الان مع ان الذكاء الاصطناعي ارتقي لعمليات متكاملة مثل الترجمة هل تختفي تلك المهنة خلال سنوات وتصبح مجرد حرفة تراثية ..؟

الموضوع ممكن يبان كانه بعيد عن السيطرة علي العقول لكن

علي الجانب الواقعي هناك فكرة واضحة وهي ان الانسان لا يحب ان يتعب نفسه في ما يمكن للاخرين او الاجهزة ان تفعله

وهي سياسة التخلي عن بعض المهارات من اجل التعلم للمهارات الجديدة

بالتالي فانت لما بتوهم الشخص انه مبقاش بحاجة لتعلم المهارة دي لان في اداة سهلة ومجانية بتعمل

بعد شويه بتلاقي ان خلاص الشخص مبقاش يعرف يعمل المهارة دي بنفسه

اه بس في اداة بتعمل ده

السؤال هنا من يملك الاداة دي ومن يضع لها الارقام والتعليمات

ببساطة هل تظل الاداة مجانية ام تصبح مدفوعة وتصبح انت مشتري للخدمة وببساطة الان لا يمكنك فعل المهارة بنفسك

ببساطة ده اسلوب تجاري جديد قايم علي القذف الفكري ومتستغربش من ده

انت علي مدي سنين كان بتتاح لك الالة الحاسبة عشان كده نسيت الحساب العقلي شوية

طب انت علي مدي سنوات هيتاح الذكاء الاصطناعي ببلاش ليك لكن من يملكه ..؟ومين يضمنلك انه يفضل مجاني ..؟

الشركات دي بتدفع الاف المليارات عشان وضع فكرة انه لست بحاجة لتعلم المهارة انا هعملك ده مجانا

وبعدين انت تعتاد ده فتبقي بفلوس بس انت هنا لم تعد لديك خيار عدم الشراء لانك لم تعد قادر او تمتلك المهارة

ودي بشكل اخر سياسة يمكن تسميتها الاعتمادية انك تعتمد علي شيء لا تملكه

فده بيزود حاجتك بعد ما كان اكل وشرب ونوم لا بقي تليفون وسيارة وانترنت وذكاء اصطناعي وده في الاخر يخليك تشتري سلع اكتر في الاخر

1.ض.ضد التنمية البشرية

كاتب الكتاب حقيقة لا يهتم بمصطلح التنمية البشرية من اي اتجاه

لانه ببساطة مركز علي الهدف

فتخيل انك محتاج تنفذ مهمة معينة ويمكنك الاعتماد علي ربوت يكلف مبلغ وانسان يكلف ضعف المبلغ وهييجي يعملك قصص الدنيا والاخرة والالتزام بالمواعيد مش بيتم

يبقي ليه كل ده ......؟

ما دام في بديل اسمه الذكاء الاصطناعي

وليه اجيب واحد ينفذ المهمة علي خمس ايام لما ممكن يكون من الممكن ان الة تعملها في يوم بنفس التكلفة

ككاتب للكتاب فلدي فكرة ان تقييم الانسان لازم تكون في مقابل المهمة ال عملها مش في مقابل هو خد وقت قد ايه

وقت عشان ينفذها اوتعب ولا لا

لانه ببساطة ممكن يكون عمل المهمة دي في ساعة بس هو اتعلم ده في سنين

وممكن يكون في موظف بييجي كل يوم الشغل عشان يكنس المكان وموظف تاني بشكل ما عمل تقنية للتنظيف الالي وقعد في بيتهم او ما يعرف بالاوتوميشن هنا للاسف الموظف الاول ال كل يوم بييجي بياخد راتب والموظف ال عمل اوتوميشن الكنس بقي حد غير مرغوب

طيب تعالي نسال السؤال الاعمق في افكارنا

انت هدفك من العامل ايه .....؟

هدفك انه ينفذ المهمة ..؟ولا انت حابب انه يجي يعمل زحمة في المكان ..؟

اجابة السؤال ده بعمق بتخليك تعرف هل انت بحاجة انك تشجع الابتكار بين ال حوليك ولا انت ضد ده

حتي لو انت بكل عنجفة قولت ايوه انا بشجع بس الواقع

ان لو تركيزك انا عاوز اوصل ازاي

فال استخدم الاوتوميشن زي ال استخدم المقشة وكنس كل يوم

انت بقي هدفك ايه ..؟

ووصلتله ولا لا ..؟

1. احتفظ بسرك

فاكر ال فات ده ؟

شوفت بنفسك ان لما المدير بتاعك عرف انك بتعمل المهمة بشكل سهل كان رد فعله لا

اهو ده سبب كافي يخليك تسال سؤال واضح هل انا في بيئة تشجع علي الابتكار فعلا ولا المدير مهتم بتعبي بس

اكتر من اني اوصل للهدف او اعمل المهمة المطلوبة ..؟

لو الاجابة بدون اي مجاملات مهتم بالهدف بس ..؟

يبقي مفيش مشكلة تعرض طريقة شغلك

بس بما ان الاجابة التانية هي الاكثر واقعية يبقي ازم تحتفظ بسر شغلك ومهاراتك وحتي لو بتعمل ده بسهولة

او الذكاء الاصطناعي فلازم يظل ده سر بينك وبين نفسك بس لان هنا المدير مهمته انه يشوفك بتتعب ورغم اني ما

انصحكش تتواجد في البيئة دي الا ان اخفاءك لسر شغلك قد يكون وسيلة تكمل فترة اطول

1. خطوات التفكير السليم

ممكن يكون العنوان لافت للنظر اوي

لكن علي اي حال احنا اتناقشنا في مسالة كيف ام لماذا ومسالة تحليل سوت وتحليل ديسك

وقولنا انه رغم لماذا خمس مرات بتكون كويسة انك تعرف المشكلة الجزرية لكن في حالات الطواريء بتكون

محتاج تفكر لبره وتفهم الوضع ال انت فيه سريعا بعدين تفكر ازاي اتدخل كل ده ربما في ثانيتين او اقل

لكن علي الجانب الاخر والاكثر استخداما من التفكير هو جانب التفكير العميق والمهمة المهمة الغير عاجلة كما

تسمي وال هي اصلا لو عملتها دايما هتقلل جدا من المهام ال بتوصل لمرحلة مهمة وعاجلة

علي اي حال بمجرد ما بتظهر الفكرة بنرجع نقول لماذا ونفهم السبب الجزري وبعدين من السبب الجزري ده بنعمل

تحليل سوت لنقاط القوة والضعف والتحديات والفرص ونعمل العصف الذهني التمام ال علي اقل تقدير شخصي يكون

20 حل ونبدا نقول ايه اول حل ينفع اعمله وايه تاني حل

وتقريبا رغم اننا كتبنا 20 حل فبيكون حلين او تلاته كافيين ينهو المشكلة وربما اكتر

وبعدين بنفهم ال حصل في المشكلة عشان نرجعله في المستقبل كخلاصة تجارب واتكلمنا في ان موضوع السيطرة

علي العقول ممكن يكون التعلم من خبرات السابقة صعب جدا لان مفيش مجال للخطاء هنا

لكن التعلم من تجاربك السابقة بيكون في سبيل حماية عقلك مما تعرضت له سابقا

1. ق بل ان ......لا بد ان ......

قبل ان تفكر في السيطرة علي العقول لابد ان تسيطر علي عقلك اولا وقبل ان تفكر في السيطرة علي عقلك لابد ان تفكر في ما ان كان احد يفعل هذا

انا هنا مش بتكلم كنظرية المؤامرة اطلاقا وان كل الناس يا حرام عاوزين يضروك لا ببساطة زي ما قولنا كل واحد ليه اهدافه... النموسة ال بتلدغك مش هدفها تأذيك رغم انها بتأذيك بس الحقيقة انت مش في حساباتها اصلا انما كنت اداة لسد جوعها

و هكذا يتعامل معك البشر ممكن البائع ميكونش هدفه انك تروح ماشي بعد ما تدفع كل ال في جيبك بس هو هدفه انك تشتري المنتج ال معاه وممكن تدفع كل ال في جيبك وتروح ماشي عادي

عشان كده قبل ما تفكر في السيطرة علي العقول لازم تحمي عقلك اولا وقبل ان تفكر تنتقد لابد ان تسمع الكلام كاملا العنوان لوحده ما كان عمره ما كان كفاية بل اداة لخداعك احيانا او جذب انتباهك

فقبل ان تسرع في الوصول و الدخول لعرض" 20 جيجا نت مجاني" اسأل نفسك لماذا يمكن ان يعطوني 20 جيجا نت مجانية ....؟

كما كان يقول صديقا لي

ان لم تدفع تمن السلعة اعلم انك السلعة

ولا اعلم من قالها سوي ان قالها صديقا لي

فقبل ان تفكر في ما تحصل عليه فكر في الثمن

تحدثنا مسبقا عن منظور السلوك من الملاحظة للنظر للمميزات ثم النظر للعيوب ثم الوزن بينهم ثم معرفة انه اي خيار ياخذه الانسان لابد ان يكون فيه مشاكل لكن ما نفعله هو التقليل من المشاكل بهذا الخيار

1.1 انتهز الفرصة فهي لن تعود

وانتهاز الفرصة لا ياتي الا بمعرفة الفرصة اولا

بالتالي فالتفكير السليم هو تحليل سوت بعد معرفة المشكلة الرئيسية

لما تكون في موقف وحابب تسيطر علي عقل شخص انت عارفه بتحلل شخصيته وتشوف نقاط ضعفه ونقاط قوته

ولما تبص وتلاقي فرصة عمل جديدة وتقول لا مش هروحها يبقي لازم تفكر مميزاتها وعيوبه وتحدياتها وفرصها

والا هتكون ممن ياخذون القرار بالعاطفة ويبررون الاختيار بالعقل

الانسان في اي موقف بيكون لديه مميزات وتحديات

فلو فكر بس في الجانب السيء مش هياخد قرار

وقعت من طيارة

اترفدت من شغلك

سخر احد منك

سقطت سنة في الدراسة

دخلت كلية مش حاببها

فرصة اه

انك تبص للموقف وتسال نفسك ايه الميزة في ال انا فيه

مهما كان الموقف ال انت فيه لازم يكون فيه مميزات ومش هتشوفها غير لما تسال نفسك ايه الميزة

فلو كان ده سؤال محفور في دماغك فهتكون مميزات اي حاجة في الدنيا امام عينك

لكن علي الجانب الاخر لا تكن غبيا وتعود بتطور السلوك فقط للمرحلة التانية من التطور تنظر للفرص وتنسي التحديات

تحليل سوت لموقف ربما سيفيد هنا

1.الخلاصة

في هذا الفصل تعمقنا اكتر في فهم الفكر وكان التركيز الاكبر علي عقلك انت اكثر من عقل من تريد السيطرة عليه او توجيهه لان زي ما قولنا قبل ايه ..؟

لابد ايه ؟

وزي ما قولت قبل كده الخلاصة في الكتاب هنا مش عشان تلخصلك ال في الفصل انما للتذكير به بعد قراءته وفهمه

الفصل السابع : عقل الطفل

<u>غير متوفر في النسخة الحالية</u>

الفصل الثامن : عقل الانثي
(ما بعد الطفولة)

<u>غير متوفر في النسخة الحالية</u>

1. مقدمة للفصل
2. لماذا ......؟
3. تعريف
4. دراسة الفيسبوك
5. عاوزة اتجوز
6. انا حرة
7. التصور الجنسي
8. عاطفة الغضب
9. الخطوبة
10. الزواج
11. الحمل
12. الولادة
13. العمل
14. علاقة الجنس الاخر
15. الطلاق
16. المُعلّقة
17. التجارة بالجنس
18. ربات البيوت وربات الاعمال
19. نظرة الي العلاقات المحرمة
20. العاطفة العالية
21. السيطرة علي عقل الانثي
22. نقاط ضعف المرأة
23. نقاط القوة
24. من الأقوى
25. كيدهن عظيم
26. علاقة تكامل
27. الخلاصة

الفصل التاسع : عقل البالغين (من الرجال)

 مبادئ السيطرة في الفكر المعاصر

<u>غير متوفر في النسخة الحالية</u>

الفصل الـعاشر : نظرة في جموع الاختلاف

1.مقدمة للفصل

ياتي هذا الفصل ليس ابدا لوضع ملخص للكتاب وانما فقط للتكامل مع افكار الكتاب النهائية في صورة اقل شرحا واكثر تركيزا علي المعلومات لانه مفترض بتقراه بعد ما خلصت الفصول التسعة الاولي
عشان كده هتلاقيه مختصر في المحتوي جدا

1.لماذا ....؟

الفصل فيه استنتاجات لاهم النقاط التوجيهية في الكتاب عشان تفكرك بالخطوط العريضة ال تم مناقشتها والافكار ال لازم تكون اتزرعت في عقلك بعد قراءة التسع فصول والا هتكون كعابر سبيل علي الكتاب

1.تعريف

جموع الاختلاف هنا يقصد بها تلك الخطوط العريضة والابواب الاساسية للتحكم في العقول وتوجيه الافعال الانسانية من خلال فهم السلوك الانساني

1.تفهمات

هنا بنناقش افكار عامة لعملية السيطرة علي العقول من خلال مراحل كل منها يتبلور خلاله قرار تتجه علي اثره الي الخطوة التالي

1.قف وفكر اولا

الخطوة الاولي هي الوقوف والتفكير الهاديء لانه ارقي مراحل التطور السلوكي هي الوصول لمرحلة يفهم فيها الانسان ان اي قرار يتخذه ربما يكون له المزايا والعيوب وان القرار الانساني فقط يقلل من تلك العيوب وينتقي الحلول الاقل في خلق المشاكل فيما بعد وان الهدوء هو اول خطوة لاتخاذ قرار سليم يحميك اولا من تبعات مخاطر انت في غني عنها وان مدي الخطا في علم السيطرة قد يكون منعدما وقد يكون لا مجال للخطا اصلا لان اي خطا يحدث سيكون له ردة فعل انعكاسية تؤدي لتضليلك انت كما ان التسرع قد يجعل من قراراتك عرضة للتاثر بالتوجيهات من الاخرين مثل العاطفة او الافخاخ او حتي التضليل وان اكثر شيء قد يقودك لقرار خاطيء هو نقص المعلومات نتيجة اخذك القرار بدون تفكير في الجوانب الاربعة له من تحديات وفرص نقاط ضعفك وقوتك في الموقف

1.سد حاجات الاخرين طريق لتحقيق حاجتك

الانسان قد يسعي لسد حاجته بشتي الطرق حتي وان كان علي حساب الاخرين وهذا قد يكون منطقيا في اطار التركيز علي الهدف للشخص والتقليل من تاثير العاطفة وغيرها مما يقوض تفكير الانسان

لكن في الجانب الاخر فالانسان لا يعيش وحده علي الكوكب وبالتالي فعليه ان يقرر اي شكل من العلاقة ستكون معهم في اطار تنفيذ ما يريد

انت وحدك ربما بحاجة الي الاف السنين لتنفذ حاجتك واصلا الحاجات الانسانية لا متناهية و عمرك كما تعرف محدود ربما في اطار علمنا الحالي لا يزيد عن 150 سنة حاليا في اقصي تقدير

بالتالي فانت في حاجة لمساعدة الاخرين للوصول الي هدفك وكونك بحاجة لهم فهنا انت بحاجة لتنفيذ ما يطلبون لكي يفعلوا هم حتي وان كنت انت سيد الموقف وان كنت تاخذ اكتر مما تعطي وان كنت تقود افعالهم فلا زلت بحاجة الي سد بعض حاجتهم في سبيل تنفيذ حاجتك

1.في استخدام القوة الحمار اقوي ..... استخدم عقلك

اعتقد ان الجملة موجزة ودالة

ان استخدمت القوة فالحمار اقوي منك وبالتالي لا تكن ابدا ممن ينافسون بالقوة فكر واعرف ماذا يمكن ان تتميز به ...؟

هناك مصطلح يسمي اليونيك فاليو او القيمة الفريدة

هذه القيمة هي التي تميزك عن غيرك سواء كنت ذاهب لخطبة بنت او انك تبيع منتج فمعرفتك بتلك القيمة فيما لديك هي ما قد يدفع الطرف الاخر بقبول عرضك

لذلك فكر ماذا لديك من مميزات

ماذا يمكنك ان تفعل لا احد يمكنه فعله

حتي لو لم تجد تلك القيمة يمكنك صنعها بنفسك

مش شرط ابدا المنافسة عشان تكسب السباق

احيانا بيكون علينا صنع ما نريد من طريق اخر

ده يحصل بس لما نفكر بعمق لماذا وحينها بتقدر تبحث في اهدافك الاعمق وحينها ربما لن تجد انك ليك هدف اساسا انك تتعلم اليونانية او تحفظ كتاب كبير او تنافس بسرعة في سباق جري لان معرفتك لاهدافك العميقة هتفتح طرق امامك لتنفيذها قد لا يفكر بها غيرك

1.اسال لماذا ...؟ خمس مرات او اكثر قبل سؤالك كيف ....؟

حين تفكر في دخول كلية مثل الطب او الهندسة او الصيدلة ربما وفي الثانوية العامة مجبتش مجموع فتفكيرك كيف سيدفعك الي الدخول في كلية خاصة او اعادة السنة او او او كل هدفك هو علي ان تدخل الكلية دي رغم ان التكلفة ال هتدفعها ممكن تكون اضعاف ال هتجنيه منها فيما بعد

لكن حين تفكر ببساطة في السؤال لماذا خمس مرات ستعرف سر غريبا

دعني افكر معك

لماذا قررت ان تدخل كلية كذا

لان حابب اتخرج واشتغل في مهنة محترمة بتجيب فلوس

ولماذا تريد ان تشتغل وتعمل في مجال محترم ويجيب فلوس

لان عاوز اتجوز حد من مستوي معين واعيش حياة بمستوي معين من الرفاهية

ولماذا تريد ان تعيش في مستوي معين من الرفاهية

لان انا بحب الراحة او حابب اعيش في حياة اكثر راحة

يمكن لسا مكملناش الخمس مرات سؤال لماذا لكن بدات تتكشف لك الاف من الطرق يمكنك بها الحصول علي الراحة

ويمكنك الحصول علي الرفاهية ويمكنك الحصول علي المستوي المعين من الحياة هنا بتتخرج من الثانوية باي مجموع وتشوف انت تقدر تعمل ايه ومتقدرش تعمل ايه وساعتها بس مش بتتعب علي امل انك ترتاح بعدين

خالص انت هنا بترتاح من دلوقتي لانك بتحط الاف من الخطط والخطط البديلة وبتشوف فرص انت كنت عامي نفسك عنها لمجرد انك سألت ازاي ادخل الكلية دي وازاي اشتغل الشغلانة دي من غير ما تسال نفسك ليه بالمناسبة دي مش دعوة للكسل خالص وانك تستسهل الطريق

بس دي دعوة للتفكير بعمق اكثر فيما تريد فعلا

وما انت بحاجة ليه فعلا

وهنا في مستوي الراحة ده انت بتكون عندك الوقت ال تفكر فيه والوقت ال تسال فيه لماذا والوقت ال تثتثمر في امكانياتك والاهم انك بقيت تفهم نفسك وتميز نفسك عن كل ال حواليك كلهم عاوزين طريق معين وانت اخدت طريق تاني كلهم هيزاحمو علي مكان واحد وانت عملت لنفسك قيمة فريدة ويونيك فاليو وبدات رحلة راحتك في الحياة من دلوقتي

1.مع العسر يسرا ماذا لدينا الان

ده وعد وايا كان دينك ايه فاعتقد انك بقيت تفهم معني مع العسر يسرا

وبقيت تفهم ان اي موقف فيه ميزة وعيب

وان انت كتير ما بتكنش شايف الميزة عشان انت مركز بس علي المشاكل

فاكر لما كلمتك علي نظرية الاستك وازاي ان الاشخاص العنيدين هم اكتر ناس استمرارية في السلوك بعد القذف الفكري

لانهم علي قد مقاومتهم للتغير قبل زرع الفكرة علي قد احتفاظهم بالفكرة بعد تنفيذها

عشان كده الحديد ممكن يكون مادة رخمة في التشكيل علي عكس البلاستك رغم كده الناس بتستخدم الحديد لانه مجرد ما يتشكل بيفضل محتفظ بصورته وشكله اكتر من البلاستك وعلي الجانب الاخر البلاستك مش بيوفر الثبات ده بس فيه ليونة كافية وسهولة تشكيل

الاهم انك تعرف ايه الميزة وايه العيب وتعرف ايه ينفع لايه

1.توجيهات

في هذا الجزء وبعد ان انتهينا من التفهمات السابقة ربما هناك حاجة الي توجيهات لكني ربما متاكد من انك كونت طريقة تمنع تقبلك للتوجيهات من الاخرين وتمنع قبولك الاوامر باستخدام فعل الامر لكن الان دعنا نتناقش وتكتشف انت التوجيهات وتوجه انت نفسك عزيزي القاريء واختي القارئة

1.بادر وانتهز الفرصة

عنصر الوقت في اي عمل تفعله ربما يميزك عما حولك اتذكر الفوز في مسابقة الخيول بانف حصان ربما

هنا بعد التفكير في لماذا تفعل ومعرفة ماذا تفعل

ربما ما يميزك عن غيرك فكلاكما يفكر لكن من بدا اولا

من العبارات المعروفة في الحوار ان من يسأل هو من يدير الحوار

لذا ان كنت في الحوار مجرد شخصا يفكر ويجيب علي الاسئلة فقط فستكون تحت سيطرة غيرك لانهم هم من يسألون و هم من يحركون افكارك

بينما علي الجانب الاخر حينما تبدا انت بالسؤال في الحوار تحول الاخرين من محور السيطرة والتوجيه الي محور البحث عن اجابة لاسألتك لكن تذكر انه سد حاجات الاخرين وسماع معلومات الاخرين اولا قد تكون الخطوة الاولي في تحليل سلوكهم ومعرفة نقاط ضعفهم وقوتهم وبالتالي المناورة في الحوار والجدال

فان فكرت في بداية الحوار ماذا هو هدفي من الحوار هذا ربما سيكون خلال الحوار الوصول لهدفك لانك علي معرفة مسبقة به

وكل مرة تبادر فيها بمعرفة هدفك وانتهاز الفرصة سيكون لك الاولوية للقبول

1.ضع خطتك

في كل مرة تجلس وتهدا وتنظر وتحلل وتفكر

لكن ماذا بعد

ألست في حاجة لاختتام كل التفكير العميق بوضع خطة ...؟

ربما من اربع او 10 خطوات للوصول لما تريده

بدات حوار مع شخص ولا تريد اكماله

فانت بحاجة لانهاء النقاش ربما خلال دقيقة لكن باسلوب جيد لكن ربما تحتاج للشخص مرة اخري

وجدت انك بحاجة لامتلاك لابتوب وفكرت لماذا وانتهيت انه انت بحاجة اليه ......؟

ضع خطتك التي ربما تستغرق شهرا

او اقل

وقس علي ذلك في عملية السيطرة علي العقول

ماذا ....؟

تريد ان يتم قبولك في شركة ما .....!

حلل الموقف واعرف مميزاتك و عيوبك واعرف القيمة الفريدة لديك ال ممكن تنافس بيها مع غيرك ممن يريدون نفس الوظيفة

1.لست علي هذه الارض وحدك فتأقلم

لكن ماذ بعد الخطة هل انت وحدك من خططت لهذا هل كان كافيا لان تخطط ان تصل لما تريد

الاجابة لا ..... ,لان كل من علي الارض يخطط وبالطبع كل منا له قيمة فريدة فمش معني انك خططت تبقي انتهت

لا انت بتعمل خطة وخطة بديلة و الخطة تفشل وتخطط تاني

وكلما كان تحليلك اعمق وفهمك لما تريد اعمق كلما كانت خطتك اكثر للواقعية

المهم انك في كل موقف تنظر الي ما لديك وتعيد التحليل بعمق اكثر وتنظر مرة اخرة لخطة اكبر وكلما كانت الخطة تتضمن اكبر عدد من اصحاب المصلحة كلما كانت انجح

ماذا لو ان ما تريد توجيهه يريد توجيهك وما تريد تضليله يريد فعل هذا ...؟

فقط فكر واعد التخطيط

1.يمكنك العمل لنفسك او جعلهم يعملون لنفسك

حينما تفكر في تنفيذ اهدافك فالكثير من الناس يوجدون علي الكوكب والمشكلة انهم ربما ينافسون علي نفس هدفك

سمعت بشخص لما شاف ناس كتيرة بتدور علي شغل زيه وكل ما يقدم في وظيفة يقدم معاه الاف من الناس

انت ممكن تشوف ان دي مشكلة عادي بس

الحقيقة ان ده موقف وفيه مميزات

ايوه في ناس بتنافس وعاوزة شغل زيك

بس في الجانب الاخر هم عندهم حاجات للعمل وانت عندك حاجة للكسب اوربما للعمل

الشخص ده فكر انه يعمل مشروع لعرض فرص العمل للناس دي مقابل هامش ربح من المتقدمين للوظايف

شوفت ان تحليلك للموقف بعمق ممكن يخليك تشوف فرص مكانتش امامك طيب شوفت ان ممكن تشتغل وتتعب و بشكل تاني تخلي بحث الناس عن عمل هو مكسب ليك

هنا انت لما فكرت ازاي تربط بين الحاجات ال عند الناس والحاجات ال عندك بدات توفر ما يعرف بالقيمة الفريدة او اليونيك فاليو

هم بيدورو علي شغل وانت عاوز تكسب بدل ما تنافس معاهم شوف ازاي ممكن تسد حاجتهم دي مقابل انهم يسدو حاجتك

1.تحذيرات

في هذا الجزء دعنا نناقش الاخطاء بناءا علي التجارب ال تمنت خلال فترة دراسة السلوك من 2017 وحتي نهاية 2023

1.لا تضع يدك في فم ثعلب

الثقة ربما هي شيء مفيد هيديك احساس كاذب بالامان وراحة البال

لكن احيانا اظهار عدم الثقة بيكون اكبر خطأ في حياتك لانه بيعمل توجس فكري نحيتك في مخيلة الاخرين وسوء الظن بيخلق عندهم قلق نحيتك وبيقلل عطفتهم دي نحيتك

الامر محيرا احيانا لكن لما لا تفعل الامر الذي يجمع بين اظهار الثقة وعدم الثقة الفعلية

لماذا ؟؟ لان زي ما قولنا انت بحاجة لكسب العاطفة وبالتالي محتاج من حولك ينظرون اليك انك واثق فيهم وعلي الجانب الاخر انت واخد احطياطاتك برده

مروض الاسود ممكن يظهر ثقته في الاسد ال بيتعامل معاه لكن ليه ميحطش في جنبه حقنة بنج او حتي سلاح ناري مخبية للضرورة

الفكرة ببساطة انك بتفكر ليه تعمل كده الاول طب وبعدين محتاج ومطر تعمل كده

ماشي و ايه المشكلة انك تاخد احطياطاتك برده عاوز تحط ايدك في بق تعلب و ماله ضع يدك داخل قفاذة

ربما الامر بسيط هنا

بسيط بمعني غبي

لانك لا يعقل ان ان تحتاج لوضع يدك في فم ثعلب

لكن الفكرة علي الجانب الاخر في العلاقات الانسانية تدعو لاخذ احطياطاتك

لماذا لا تسجل مكالمات الهاتف

عشان بتتنسي

يا اخي....

لماذا لا ترفض الحديث عن معلومات معينة عبر الهاتف....؟

عشان مشغول يا اخي و عاوز تقعد مع الشخص و تكلمه علي رواقة

بتعرض بحث علي دكتور جامعة

طيب ليه متعرضهوش من تليفونك في مكتبه بدل ما تبعتهوله ...

1.لا تخترع العجلة

و احدة من المعلومات ال ممكن تغير حياة انسان هي

لا تخترع العجلة ......

الانسان كتيرا من الاحيان بيقعد يفكر ازاي يعمل و عاوز خطة متينة و ازاي انفذ

طيب وليه ما تشوفش ال قبلك عملو ايه وتتعلم منهم

وتكمل علي ال وصلو ليه

تم اختراع العجلة فعليا

فرغم المجهود ال ممكن تعمله عشان تقعد تفكر تعملها ازاي

ممكن عقلك يقول ايه العبط د و انا اخترع العجلة ازاي ما خلاص تم اختراعها

بس هنا لانك شوفت العجلة فعليا

لكن كتير من الاحيان جهلك بالمجال ال بتبحث فيه و بتفكر فيه بيخليك متعرفش غيرك وصل لايه

عشان كده كان الخطوة الاساسية في تطور الفكر هي الملاحظة ثم السؤال

غيري وصل لايه في المجال ده عشان افهم واكمل

لان اضافة صغيرة جدا علي اداة ذكاء اصطناعي ممكن تكون اختراع بعكس انك بتفكر تعمل شات متكاملة من جديد طيب ما تعملها بس بناءا علي خبرات غيرك ال وصلولها

1.لا تكن شريرا

ممكن يكون اول انطباع ليك ظهر عن علم السيطرة في الفكر المعاصر انه

ياه انا خلاص بقا هنتقم من فلان و هحركه و ياااه ..... الخ

لكن علي الجانب الاخر

انت كانسان بيكون ليك اهدافك هي دي بس ال عاوز توصلها

غير كده انت لا تهتم بازية الغير
واحدة من اكبر المشوهات الفكرية هي عدم التسامح
عرف ليه .....؟
لانه بيحولك من شخص بيفكر ازاي ينجح لشخص بيفكر غيره يفشل
تخيل ان الشخص اذاك وبدل ما تتاذي مرة لا انت قررت تنتقم وتتحول من هدفك الاساسي لهدف الانتقام

١.١ لا تقف علي قدم واحدة

فاكر لما قولتلك في اول الكتاب ان علماء الهندسة ممكن يبنو برج علي عمود واحد
اه ممكن بس العمود ده بيكلفهم اكتر من تمن اربع او ١٠ اعمدة ربما
نظرا لقوانين فيزيائية لا علاقة لي بها
الامر نفسه يشبه ان تكون عالما بعلم واحد وانت تكون لك نظرة شمولية في اصول العلم كلها
ربما انت بحاجة للتعمق في علم معين لفترة ما لكن لن يغنيك عن التفكير في باقي العلوم
ببساطة ليه تعتمد علي حاجة واحدة وانت ممكن تستخدم اكتر من حاجة
هل كونك قادر علي الوقوف علي قدم واحدة داعي انك تعمل ده
ولا بتسال لماذا
وعليه بتفهم امتي تعمل ده وامتي تقف علي رجليك الاتنين او حتي ايديك ورجليك

١.١ لا تفعل الفعل نفسه وتنتظر نتيجتين مختلفتين

يمكن في الكتب اديسون جرب تسعة وتسعين مرة واي كنت مصدق الرواية والرقم
فالمؤكد انه مكانش بيحاول بنفس المعطيات
من الغباء انك تمد يدك في جحر بدون قفازة
لكن من الغباء الاكبر ان تلدغ وتعيد يدك مرة اخري
ربما الامر في الجحر واضحا وانت ممكن تعترض علي مدة ايدك لاول مرة
بس في الحياة بتكون هناك مواقف خاطفة بلا خطة بيكون لازم نتعلم منها وعلي الرغم من ان موضوع ذي القاذفات الفكرية ممكن ما يكونش فيه مجال للخطأ الا انه بعض الاحيان بيكون مجال الخطا ده موجود لاهتمامنا بجوانب اخري او غيره
لكن ماذا بعد اول لدغة .....؟
ماذا بعد ان يثبت شخص انه علي غير جدارة بالثقة هل تثق فيه مرة اخري ...؟
هل لو اتكهربت من مكان تحط ايدك تاني ..؟
طب لو جربت طريقة وفشلت بتجربها تاني في نفس الظروف ..؟
الموضوع ربما اوضح من الحديث فيه
لكن وجب التذكير بموضوع الاستحسان
انت احيانا بتعمل استحسان لشخص لمجرد موقف

وبالتالي بدل ما تستحسن رد فعله علي الموقف لا انت بتستحسن الشخص كله ولما بيخالف استحسانك ليه بترجع تزعل لانك اصلا استحسنت الشخص كله لمجرد موقف

1.اخطاء

نناقش هنا مجموعة من الافكار الخاطئة عن علم السيطرة وفهمنا له

1.السيطرة علي العقل تغنيك عن باقي العلوم

بالتاكيد ربما انت فقط تتذكر الاجابة التي تعرفها هنا فعلم السيطرة لن يغنيك عن باقي العلم وده لانه علم بيخدم باقي العلوم ال عندك وبيخليك قادر تسيطر علي عقلك وتاخد قرارك بعيدا عن تاثير الاخرين وكمان تقنع غيرك بقرارك ده وتوجهه احيانا لخدمة ما تريده من اهداف

1.انت محور العالم

اعتقد انك اصبحت عاقلا بما يكفي لمعرفة حجمك في العالم وكيف انه في مقابل تفكيرك وخطتك الاف من الناس يخططون وفقط انت تنجح حين تبادر بخطتك بعد ان تفكر جيدا في الموقف وتتاقلم مع هذه الحقيقة المرة انت لست محور العالم وربما تتمكن من حماية عقلك من السيطرة في اغلب الاحيان وباحيان اقل ستنجح في توجيه افعال الاخرين لخدمة اهدافك

لكن كل شيء بحدود فالكثيرون لهم اهداف مماثلة

24. كيف يرقص الفيل علي المنضدة .....؟

هل تعرف كيف ...؟!

بالتاكيد انت ربما تسال الان لماذا قد يرقص الفيل علي المنضدة

ولماذا يصعد ...؟

قبل ان تفكر في كيفية رقصه وان كان هكذا فالفكرة والرسالة من الكتاب اعتقد هنا انها وصلت وان كنت ممن فكرو في كيف يرقص الفيل فعلا علي منضدة فاعد القراءة او اعيدي القراءة مرة اخري

25. ايهما اجمل طعما طعام الصيد ام التفاح ؟

كثيرا من الاحيان قد تجد نفسك في جدال مع اشخاص في امور واضحة وضوح الشمس كجدالك مثلا مع شخص يظن ان الارض مصطحة وانت تظن ان الارض كروية

او كجدالك مع حمار هل الاسد ام القرد ملك الغابة

او جدالك مع سمكة لتحاول اقناعها ان طعم التفاح افضل من طعم ديدان الارض التي علقتها في سن الصيد وانها يجب ان تحب هذا التفاح بدلا من هذا الدودة او طعم الارض

لانك تنسي الهدف الرئيسي

ما الموقف ...

هو لا يقتنع بهذا الشيء

اذا قدم ما لديك لاحد اخر

قدم التفاح لمن يريد واصطاد السمك بما يريد

انت مش جاي تعمل تنمية بشرية للاشخاص انما شوف هم عاوزين ايه واعطيهم في مقابل انهم ينفذو ما تريد

دكتور جامعة بيقبض كذا وفنانة باليه او مذيع بيعمل كذا وبياخد اضعاف

فالعيب ان ده خد اليونيك فاليو والقيمة الفريدة ليه في انه يكون مذيع او لاعبة بالية وانت قررت تمشي في الطريق الاعتيادي ورغم ان ده ممكن يظهر ضد مبادئ السيطرة بس الواقع انه التفكير الاعمق لعلم السيطرة

هما عاوزين ايه وانت عاوز ايه وكيف تستخدم ما لديك للوصول الي ما تريده

1. يمكنك تعلم كل شيء

رغم ان انت بحاجة لتعلم العديد من العلوم والاساليب والمهارات لكن انت كانسان قدراتك محدودة وبالتالي انت عليك انك تقرر اولوياتك تتعلم ايه ومتتعلمش ايه في اطار سياسة التخلي عن البعض مقابل الكل

كل شيء فيه ميزة وعيب ربما

حتي قعدتك وتصفحك الفيسبوك فيه فايدة بس ربما في حاجات تانية الفايدة منها هتكون اكبر من ده

لذا عليك ان تفهم ازاي تستخدم مهاراتك وايه المهارات ال هتتعلمها عشان تعمل قذف فكري مثلا

ربما ات بحاجة الي الاقناع او زرع الثقة الكاذبة لكنك لست بحاجة مثلا لتعلم قيادة السيارة كمثال فوزي عشان تروح نسمة بعربيتك ربما انت فقط بحاجة الي كذا وهذا ما تريد تعلمه الان

1. الخلاصة

علم السيطرة هو احد العلوم ال ممكن تساعدك توصل لما تريد اعتمادا علي مهاراتك وقدراتك واعتمادك لطريقة التفكير بالتحليل لكل ما لديك من ميزات وعيوب فرص وتحديات نقاط ضعفك وقوتك وبالتالي حينها فقط يمكنك الوقوف والتفكير في كيفية استخدام ما لديك من معرفة وامكانيات وما تريد تحقيقة وال بتكون عرفته من سؤالك لماذا خمس مرات وهنا بتكون عرفت المشكلة وعرفت ما لديك من ادوات الحل..

هنا بتعرف هتوجه مين يعمل ايه وهتركز علي ايه وهتبدا بمين ...

بالتاكيد معرفتك بما تريد جزريا يفتح لك فرص جديدة للحلول ولافكار وبالتالي تعدد البدائل لان ليس معني وضعك خطة انها تنجح ده لان في غيرك بيفكر ويخطط وبشكل ما ممكن يكون في تنافس عالمي وهنا بيكون الحل انك تشوف ازاي تستخدم حاجة غيرك وبدل ما تنافسهم بتستخدم احتياجتهم في الوصول لهدفك ال بيكون اعمق من اهدافهم احيانا كتيرة

Also by Msytr

Nursing AI war
Artificial intelligence managed Hospitals
Abc of ABC
مبادئ السيطرة في الفكر المعاصر

Also by Ahmed Ragab Ali Abdelghany

Nursing AI war
Artificial intelligence managed Hospitals
Abc of ABC
مبادئ السيطرة في الفكر المعاصر

www.ingramcontent.com/pod-product-compliance
Lightning Source LLC
Chambersburg PA
CBHW081927120726
47997CB00010B/3071